UN AN DE SÉJOUR

EN

COCHINCHINE

PAR

M. DELTEIL

Pharmacien principal de la Marine en retraite.

PARIS,
CHALLAMEL AINÉ, ÉDITEUR,
LIBRAIRIE COLONIALE,
5, RUE JACOB ET RUE FURSTENBERG, 2.

1887

UN AN

DE SÉJOUR EN COCHINCHINE

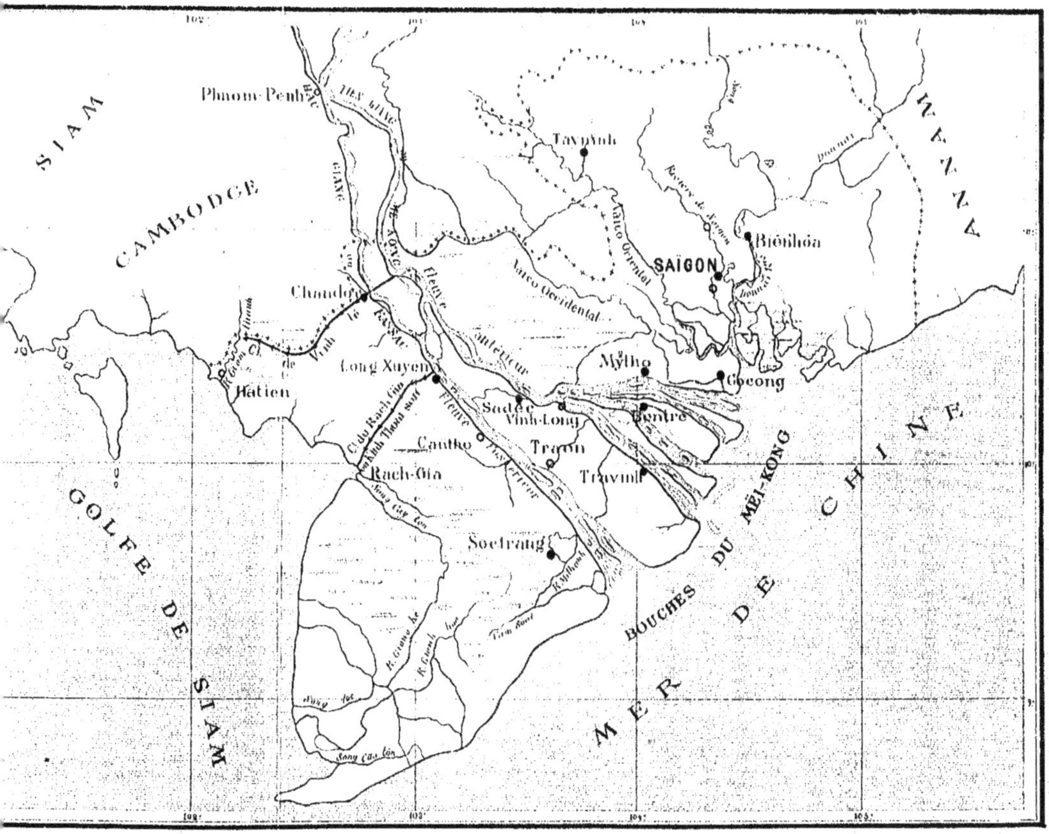

SIAM

CAMBODGE

Phnom-Penh

Chaudoc

Long Xuyen

Hatien

Tay Ninh

SAÏGON

Bienhóa

Mytho

Goeong

Sadec

Vinh-Long

Bentré

Cantho

Tram

Rach-Gia

Travinh

Soctrang

GOLFE DE SIAM

BOUCHES DU MÉI-KONG

MER DE CHINE

ANNAM

UN AN DE SÉJOUR

EN

COCHINCHINE

PAR

M. DELTEIL

Pharmacien principal de la Marine en retraite.

PARIS,

CHALLAMEL AINÉ, ÉDITEUR,

LIBRAIRIE COLONIALE,

RUE JACOB, 5.

1887

NANTES, IMP, V° C. MELLINET. — L. MELLINET ET Cⁱᵉ SUCⁱˢ.

CHAPITRE PREMIER.

⸺

Le 19 mars 1882, je prenais passage sur le paquebot des messageries l'*Oxus*, commandant Rapalel, pour me rendre en Cochinchine. Nous étions environ 100 passagers tant aux premières qu'aux secondes. Comme toujours l'élément anglais dominait, puis venaient quelques familles hollandaises et espagnoles se rendant à Batavia et à Manille, et trois ou quatre fonctionnaires français destinés à Pondichéry et à Saigon. Les Anglais préfèrent, en général, passer sur nos lignes ; ils y trouvent une table plus recherchée, de meilleurs vins et un service mieux fait. L'administration des messageries fait de grands sacrifices pour conserver cette clientèle de gros mangeurs.

Partis de Marseille à 11 heures du matin, par très beau temps, nous longions dans l'après-midi les côtes de France, laissant à notre gauche *La Ciotat, Toulon, les Iles d'Hyères*. A 5 heures du soir, tout ce qui nous rappelait notre chère patrie, cette France que l'on quitte avec tant de regret et que l'on revoit avec tant de bonheur, avait disparu à nos yeux. C'est à ce moment qu'on ressent avec le plus d'intensité la douleur de la séparation. On pense avec attendrissement à tous ceux qui restent derrière vous, à ces êtres auxquels on est attaché par des liens si étroits et qu'on ne reverra que dans plusieurs années, si les hasards de la carrière ou les dangers d'un climat insalubre ne vous laissent point en route. Personne n'est à l'abri de ces tristes impressions, et l'habitude des voyages ne parvient point à cuirasser les cœurs.

Fort heureusement, les soins divers que la nécessité de s'organiser à bord vous impose dès le premier jour, viennent faire une diversion heureuse à vos chagrins et changer le cours de vos pensées. Le maître d'hôtel vous désigne votre cabine ; presque toujours vous êtes gratifié d'un compagnon de route, de nationalité étrangère, avec lequel vous allez être forcé de vivre pendant un mois dans une promiscuité gênante. Grâce à d'anciennes et amicales relations avec le Commandant, j'eus la chance d'être seul dans ma cabine et même, faveur inappréciable, d'obtenir une cabine située du bon côté, c'est-à-dire exposée seulement au soleil levant et jouissant pendant tout le reste de la journée d'une ombre et d'une fraîcheur relatives.

Ceux-là seuls qui ont fait aux époques chaudes de l'année des traversées de 30 à 40 jours dans des cabines exposées au soleil de l'après-midi, me comprendront !

Ce ne sont plus des cabines, mais des étuves ou de véritables fours inhabitables pendant le jour et à peine tolérables pendant les nuits.

A 5 heures la cloche vous appelle au dîner. On pénètre dans une longue et belle salle à manger, garnie de deux séries de doubles tables en acajou. Les boiseries de la salle ont un défaut qui se retrouve sur tous les paquebots des messageries : elles sont peintes en couleur trop sombre, en sorte que, sauf sous les claires-voies, on souffre un peu de l'obscurité pendant les repas. En dehors de cet inconvénient que je signale en passant, il n'y a rien à dire au sujet de l'ameublement, du confortable, de la nourriture et du service.

Grâce à l'état de la mer, personne ne manque au

repas ; d'un coup d'œil on embrasse l'ensemble de
ces physionomies exotiques dont la plupart ont le
masque froid et correct des figures anglaises.

Nous formons, nous autres Français, avec les Hollandais et les Espagnols, un petit groupe sympathique
dont l'entrain et la gaieté contrastent avec le silence
glacial qui règne à la table des Anglais. De notre
côté, on rit, on cause, on est galant avec les
dames ; de l'autre, on n'entend que le bruit des
mâchoires et des fourchettes.

Après chaque repas la salle à manger se transforme en salon ; un piano se trouve à la disposition
des passagers pour faire de la musique et une bibliothèque renferme des livres de voyage et un bon
choix de romans anglais et français.

Le lendemain 20 mars, nous passons entre la
Corse et la Sardaigne. Le temps est toujours beau,
le ciel est d'une pureté parfaite, les flots bleus de la
Méditerranée se rident à peine sous le souffle d'une
légère brise. L'*Oxus* file ses 13 nœuds sans effort.
L'admirable machine qui met en mouvement cette
longue masse flottante, ne mesurant pas moins de
135 mètres de la proue à la poupe, fait à peine
sentir ses trépidations. Le personnel d'élite qui pré-
side à la marche du bâtiment ou à la direction de
la machine, inspire tant de confiance, le navire lui-
même paraît si solide, si bien construit, que le
passager le plus pusillanime ne saurait éprouver

aucune inquiétude, aucune appréhension pour sa sécurité. L'idée d'un danger, d'un naufrage, ne vous vient même pas à l'esprit. On se sent plus en sûreté sur ces grands steamers que sur nos voies ferrées.

Avant 8 heures du matin le pont de notre navire offre un curieux aspect. Les matelots armés de lances, comme de véritables pompiers, font ruisseler partout des torrents d'eau pour laver le pont ; les passagers nu-pieds, en mauresque et en costumes plus ou moins rudimentaires, viennent humer l'air frais du matin. Les dames brillent par leur absence, à cette heure par trop matinale ; c'est ce qui excuse le négligé des hommes, même des Anglais si formalistes, dans la journée, sur le chapitre de la toilette. Mais au coup de cloche de 8 heures chacun descend dans sa cabine, sous peine d'être vertement réprimandé par le Commissaire du bord qui veille scrupuleusement à l'observation des règlements.

Une des choses les plus importantes pour le passager, après le choix de la cabine et de sa place à table, c'est son installation sur le pont. A l'arrière du navire règne un vaste espace où sont arrimés des sièges et des fauteuils de toutes formes et de toutes dimensions. Il s'agit de choisir judicieusement un emplacement qui vous mette à l'abri des dérangements par suite de manœuvres et qui vous donne un voisinage agréable. Cela est d'autant plus important que la place de votre fauteuil est généralement respectée pendant toute la traversée et que vous devenez presque le propriétaire de l'espace que vous occupez.

Deux jours après notre départ de Marseille, le 21 à 4 heures du matin, nous étions mouillés dans la belle rade de Naples, qui mérite bien les descriptions enthousiastes qu'en ont faites les voyageurs qui l'ont visitée. La ville s'offrait à nos regards charmés, éclairée par le soleil levant, étageant ses palais, ses églises, ses couvents, ses blanches villas, depuis le littoral jusqu'au sommet de la montagne à laquelle elle est adossée. A droite, le Vésuve envoie vers le ciel son panache de fumée ; on aperçoit dans le lointain Castellamare, Vico, Sorrente. Que de sites ravissants se déroulent devant nous ! que de noms harmonieux frappent nos oreilles ! On se sent dans la patrie des ciels bleus, des mers calmes dont les flots paresseux viennent doucement mourir sur des plages, où le pêcheur et le lazzarone vivent de mélodie et de soleil.

A peine l'*Oxus* a-t-il jeté l'ancre qu'il est entouré par une multitude de barques remplies de marchands de bijoux en corail, de chanteurs et de musiciens. Ces derniers nous régalent aussitôt d'un concert en plein air, où les belles voix italiennes se mêlent aux sons des violons et des mandolines. Comme on sent bien que ce peuple est musicien jusque dans ses moelles ! Les artistes qui exécutent cette aubade appartiennent, si l'on en juge à leur mine et à leur costume, à la lie de la population, et cependant les morceaux chantés par ces Italiens de bas étage sont exécutés avec un goût, une mesure, que l'on ne rencontre en France que chez nos meilleurs chanteurs.

Notre escale en rade de Naples devant durer 8 heures, nous nous empressons de descendre à terre pour visiter la ville.

C'était la quatrième fois que ma bonne fortune et le hasard de mes pérégrinations me conduisaient à Naples ; aussi pouvais-je en quelque sorte servir de guide aux compagnons de voyage qui s'étaient joints à moi. Pour éviter l'ennui et la longueur des courses à pied, nous prîmes une de ces voitures légères et rapides que l'on désigne à Naples sous le nom de *corricolos* et qui sont traînées par de petits chevaux très fringants. En quittant les quais nous entrons dans la rue de *Tolède* qui est, pour les Napolitains, ce que la *Cannebière* est pour les Marseillais. Mais, pour être juste, cette dernière est infiniment plus belle, plus large et plus imposante que la rue de Tolède. Il est vrai que celle-ci est moins moderne, mais plus originale avec ses grandes dalles en pierre volcanique et ses ruelles en amphithéâtre, qui descendent de la montagne et laissent le regard plonger dans des enfilades bien ensoleillées où grouille une populace débordante.

Le premier monument que nous visitons est la chapelle de *San-Severo*, célèbre par une magnifique sculpture représentant un Christ mort étendu sous son suaire. La figure du Christ et la rigidité des membres se dessinent nettement sous le voile de marbre qui les recouvre. On dirait un linceul de toile jeté sur un cadavre naturel. C'est prodigieux comme savoir faire et saisissant comme représentation réelle de la mort.

Nous dirigeons ensuite nos pas vers la cathédrale, dont l'extérieur banal et le style effacé ne répondent nullement aux splendeurs de la nef intérieure. Presque tous les monuments de Naples offrent, du reste, cette particularité. Le palais du roi ressemble à une caserne ; le théâtre, le musée, n'ont aucun type architectural. A la porte de la cathédrale, le bedeau qui flaire des étrangers en nous voyant et qui compte sur un bon pourboire, nous conduit obligeamment dans les meilleurs endroits. Après avoir admiré la richesse et la somptuosité de cette belle église italienne, nous descendons dans la chapelle souterraine bâtie avec les restes bien conservés d'un temple d'Apollon, mélange harmonieux de sacré et de profane ; nous y admirons plusieurs bustes de cardinaux sculptés dans un marbre demi-transparent et couleur de cire qui donne à ces têtes fines de prélats italiens l'apparence de la vie comme expression, et de la mort comme cou-

leur des chairs. Notre bedeau nous conduit ensuite
en un lieu mystérieux où il découvre à nos yeux
quelque peu sceptiques le doigt desséché de saint
Janvier. Nous lui demandons de nous montrer la
fameuse ampoule qui renferme le sang miraculeux
dont la liquéfaction nous rappelait l'anecdote du
général Championnet. Mais le bedeau nous fit com-
prendre que cette merveilleuse relique n'était point
accessible aux simples visiteurs comme nous.

En quittant la cathédrale nous gagnons la belle
promenade de la Chiaja, le rendez-vous du monde
élégant de Naples, d'où la vue s'étend sur le golfe
et nous visitons le musée, dont nous parcourons
hâtivement les salles. Nous ne pouvons, en effet, à
notre grand regret, que jeter un coup d'œil rapide
sur les chefs-d'œuvre de peinture et de sculpture
ancienne et moderne enfermés dans ce trésor de
l'art italien. On nous fait entrer en passant dans le
musée secret du roi de Naples. C'est curieux au point
de vue de l'art licencieux des anciens ; mais les
modernes les dépassent de beaucoup, dans ce genre
tout à fait spécial.

Il nous reste encore deux heures devant nous ;
nous en profitons pour nous faire conduire aux *Grottes
du Pausilippe*, puis à l'*Aquarium*. Ce dernier établissement est certainement le plus remarquable et le
mieux conçu de tous ceux qui existent actuellement
en Europe. Si le temps ne nous avait fait défaut, nous

aurions passé une journée entière à admirer tous
ces poissons aux mille formes curieuses, ces crus-
tacés, ces zoophytes nageant dans une eau claire
et limpide et séparés du spectateur par une glace
tellement transparente qu'il semble qu'on n'aurait
qu'à allonger la main pour les atteindre. Ce qui nous
a le plus frappé, ce sont de grosses pieuvres étendant leurs tentacules et leurs membranes gélatineuses
comme un immense épervier au-dessus de la proie
qu'elles veulent saisir, et les refermant brusquement
pour la dévorer. C'est un spectacle hideux qui vous
laisse une impression de terreur et de dégoût.

Avant de retourner à bord, nous avisons un
restaurant italien pour y déjeuner. Nous voulons absolument manger du macaroni italien, confectionné par
un cuisinier napolitain, et que nous comptons arroser
de lacryma-christi. Quel désenchantement à la première bouchée du plat qu'on nous présenta ! C'était
vraiment détestable ! Figurez-vous des tuyaux pâteux
ramollis à l'eau chaude et nageant dans une sauce
tomate rougeâtre, manquant absolument des condi-
ments habituels de la cuisine française. Nous étions
habitués à ces bons plats de macaroni filants à croûte
dorée que nos cuisinières savent si bien apprêter ;
aussi nous fut-il impossible d'avaler le macaroni
italien apprêté dans son pays d'origine. Avons-nous
été dupes d'une mystification ? Je ne le pense pas.
J'ai tout lieu de croire, au contraire, que nous ne

mangeons en France qu'une savante et savoureuse
contrefaçon du macaroni italien. J'avoue en toute
conscience, après les avoir comparés l'un à l'autre,
que la copie vaut mieux que l'original.

Mais l'heure du départ a sonné ; chacun s'empresse
de rallier le bord, et à 2 h. de l'après-midi nous
quittons Naples. Nous passons entre Capri et la pointe
de Campanella ; de l'autre côté du promontoire, nous
apercevons la cité d'Amalfi, plus loin les villages de
Maiori et de Minori, puis Salerne et le temple de
Pœstum..... A la nuit, c'est la masse noire et
fumante du Stromboli qui se dresse devant nous.

Le 22, entre 6 h. et 8 h. du matin, nous fran-
chissons le détroit de Messine, si resserré en certaines
parties qu'on voit distinctement, à l'œil nu, les villes,
les maisons et les habitants sur l'une et l'autre rive.
Du côté de l'Italie on aperçoit les montagnes abruptes
de la Calabre et les reliefs escarpés de la côte. A
droite, c'est le massif montagneux de la Sicile, Messine
et son port, l'Etna et ses cimes neigeuses. Quand on
passe le détroit de nuit, on jouit d'un spectacle
vraiment féerique ; on ne distingue les villes que par
les scintillements lumineux produits par les becs de
gaz, les lumières des appartements et les phares.
Tout le long du détroit on n'aperçoit que des lumières
qui se réfléchissent dans ses eaux.

En entrant dans le golfe Adriatique, nous trouvons
une mer dure qui nous prend par le travers et nous

fait rouler horriblement. Les estomacs qui, jusqu'alors, s'étaient vaillamment comportés, sont tout-à-coup pris de certains malaises. Le pont, naguère si encombré de passagers au teint fleuri, se vide en un clin d'œil. On voit passer dans les corridors qui mènent aux cabines des gentlemen à figures blêmes et des ladies pâles comme des mortes ; les garçons et les femmes de chambre courent affolés et ahuris par les appels désespérés qui partent des cabines. A chaque fort coup de roulis on entend des plaintes étouffées, des hoquets convulsifs, des bruits de vaisselle cassée..... Les vieux loups de mer, seuls, tiennent bon sur le pont et rient sous cape de la débandade produite par un peu de grosse mer.

Le lendemain, du reste, le calme est revenu et l'on retrouve comme par enchantement sa gaieté et son appétit.

Au point du jour nous apercevons dans le lointain les monts Taygète qui dominent la Grèce, et, dans l'après-midi, la grande île de Candie que nous longeons jusqu'au soir. Le 25 au matin, la silhouette des phares de Damiette et d'Alexandrie se profile à l'horizon. On les voit bien longtemps avant la côte qui, dans cette partie de la Méditerranée, est basse et d'un atterrissage difficile. A 10 h. du matin, nous étions mouillés à Port-Saïd, devant les Messageries, au milieu du port encombré par le va-et-vient continuel des steamers et des navires de guerre de toutes nations, qui se préparent à entrer dans le canal ou à passer dans la Méditerranée.

Port-Saïd est de création toute récente. Bâtie en 1859 par M. de Lesseps, cette ville est située sur un banc de sable entre la mer Méditerranée et le lac Menzaleh. La ville européenne, bien que couverte de nombreuses constructions, telles que hôtels, magasins, docks, est encore en voie de formation et à l'état rudimentaire. Les rues y sont fort mal entretenues et sont bordées d'échoppes occupées par des Maltais et des Grecs dont les enseignes inscrites sur le devant des portes sont rédigées dans la langue d'Homère. Du côté de la place Lesseps se trouvent un jardin assez maigre et un kiosque pour la musique militaire. C'est là qu'on rencontre des magasins à l'européenne et des cafés, généralement tenus par des Français. Le principal commerce de détail fait à Port-Saïd paraît consister en denrées alimentaires, vêtements, tabac et objets de curiosité.

La population cosmopolite qui se presse dans les rues boueuses et qui se renouvelle presque chaque jour, au fur et à mesure de l'arrivée des paquebots et des navires de guerre, n'a d'autre distraction que celle d'entrer dans les trois ou quatre cafés chantants installés dans la ville. On y entend d'assez bonne musique et on y boit d'excellente bière viennoise. L'orchestre est tenu par des familles allemandes composées d'une douzaine d'exécutants des deux sexes.

Les jeunes filles qui en font partie se sont expatriées pour ramasser la dot qui leur permettra d'epouser le fiancé qu'elles ont toutes dans leur pays. Elles rapportent une bourse assez ronde, mais rapportent-elles une vertu sans tache ? Je n'oserais l'affirmer, si j'en juge par la liberté d'allures et le sans-gêne avec lequel elles abordent les consommateurs. A côté de chaque café existe une roulette où d'habiles filous exploitent avec succès les officiers de passage, que leur goût pour le jeu ou leur mauvaise étoile entraîne vers ces cavernes de voleurs. En un clin d'œil ils sont débarrassés de leurs économies ; heureux encore si, le soir, ils ne sont pas assassinés lorsqu'ils sortent un peu trop tard de ces parages dangereux fréquentés par les aigrefins de la pire espèce !

La ville arabe proprement dite est située à un kilomètre environ de Port-Saïd. Elle est habitée par une population misérable qui se tient dans des bouges malpropres et empoisonne l'air à une lieue à la ronde par les émanations d'huile rance qui s'échappent de leur cuisine en plein vent. C'est une odeur que les Marseillais doivent respirer avec plaisir; elle leur rappelle l'air natal.

Dans la soirée, nous quittons la ville de Port-Saïd pour entrer dans le canal ; après avoir traversé le lac Menzaleh, nous nous arrêtons au seuil du désert pour y passer la nuit. Le lendemain de bonne heure nous continuons notre route avec 4 à 5 nœuds de vitesse tout au plus ; nous passons successivement le lac Timsah, Ismaïlia entourée de jardins frais et verts qui font une tache agréable à l'œil au milieu de l'aridité des sables, Serapeum, les grands lacs amers, et le soir nous jetons l'ancre dans la rade de Suez. Durant toute cette longue journée, nous n'apercevons que du sable au milieu duquel poussent quelques végétaux rabougris. De temps en temps une caravane de chameaux, conduite par des Fellahs vêtus d'une longue chemise bleue, distrait un instant nos regards et rompt la monotonie du voyage. Il faut, en effet, se représenter le canal comme un long fossé étroit et encaissé entre deux berges de sable. L'œuvre de M. de Lesseps est surtout grandiose par la conception et les difficultés vaincues, mais elle ne frappe pas l'imagination du voyageur comme les Pyramides, par exemple, elle n'excite que sa curiosité.

La traversée de la Mer Rouge dure environ 4 à 5 jours pour un paquebot filant 12 nœuds de vitesse. Pendant les mois compris entre mai et septembre la chaleur y est étouffante, bien que le thermomètre dépasse rarement 36° à l'ombre. Le soleil de feu qui échauffe les sables du rivage de chaque côté de cette mer si resserrée, dilate l'air, le rend extrêmement léger et presque irrespirable. Il est impossible d'habiter les cabines quelque grandes et aérées qu'elles soient. La nuit, tout le monde dort sur le pont, ce qui donne lieu quelquefois à des scènes bien réjouissantes. Pendant le jour on est plongé dans une prostration complète, le moindre mouvement devient pénible et les insolations, suivies de mort rapide, ne sont pas rares malgré la double tente fréquemment arrosée d'eau de mer qui protège la tête des passagers.

Dans la saison où nous sommes, aucun de ces dangers ou de ces inconvénients n'est à craindre. L'air est, au contraire, très frais ; le thermomètre marque à peine 22°, en sorte que cette partie du voyage s'accomplit pour nous dans des conditions fort agréables.

Le golfe de Suez forme le fond d'un entonnoir se terminant par des lagunes d'une étendue considérable et de peu de profondeur. Ce n'est qu'après avoir franchi le détroit de Jubal que l'on se trouve, à proprement parler, dans la Mer Rouge. Cette mer comparable à un grand lac parsemé de nombreuses îles, dont les plus importantes sont Dédalus, Zebeyer, Zoogur, etc., se termine au détroit de Bab-el-Mandeb. Le rocher de Périm sépare cet étroit goulet en deux passes. En franchissant la passe la moins large, la nuit, par un magnifique clair de lune, nous fûmes témoins d'un spectacle très commun dans ces parages. C'est celui de la *mer phosphorescente*. Ce phénomène n'est certainement pas rare, même dans nos mers ; mais nulle part nous n'eûmes l'occasion de l'observer avec une aussi grande intensité. L'étrave de l'*Oxus* faisait jaillir des ondes lumineuses qui se partageaient en deux et entouraient le bâtiment d'une mer embrasée. On distinguait à l'avant du paquebot des myriades de poissons en masses serrées et profondes qui sautaient de tous côtés et augmentaient par leurs mouvements désordonnés la phosphorescence des flots. Il est probable que nous traversions un banc de frai de poisson que les mâles arrosaient de leur laitance. Nous assistions aux mystérieuses combinaisons organiques de deux éléments hétérogènes qui, comme les combinaisons chimiques, produisaient un vif dégagement de chaleur et de lumière. On dit que l'Océan a été le berceau de tous les êtres. D'après ce qui se passait sous nos yeux, nous pouvions nous convaincre que sa puissance créatrice n'était pas près de s'éteindre.

Le 2 avril, nous jetons l'ancre dans la rade d'Aden pour y faire du charbon. A peine arrivés nous nous voyons entourés par de frêles esquifs, ressemblant à des coquilles de noix, manœuvrés par de jeunes Sômalis entièrement nus, aux cheveux crépus recouverts de chaux vive pour leur donner une coloration jaunâtre, aux traits fins et réguliers et aux membres grêles. Ils nous assourdissent par leurs cris gutturaux : à la mer ! à la mer ! Baschik ! Baschik ! Ils nous sollicitent de la voix et du geste à leur jeter une pièce de monnaie du haut du pont afin de nous montrer leur habileté de plongeurs. Nous nous amu-

sons pendant quelques instants à ce passe-temps
récréatif, qui allège nos porte-monnaies de menues
pièces blanches que nous lancions dans la mer et
que ces espèces de grenouilles humaines rattrapaient
avec prestesse et montraient triomphalement entre
leurs lèvres. Après la libre pratique donnée par les
autorités sanitaires, le pont du navire est bientôt
envahi par des marchands d'objets de curiosité, de
café moka et, principalement, par des juifs marchands
de plumes d'autruche, vêtus de robes sales et le
chef orné d'une calotte en paille de laquelle s'échappent deux tire-bouchons encadrant un visage bas et
rampant. Rien ne peut vous soustraire aux sollicitations de ces rusés marchands qui vous présentent
d'abord le rebut de leurs plumes et finissent, quand
vous avez résisté à leurs obsessions, par vous montrer
le dessus du panier que les vrais amateurs ne paient
que le prix qu'il mérite. Mais, pour un connaisseur
qui ne se laisse pas prendre, que de naïfs acheteurs
deviennent la proie de ces maîtres coquins qui sont
passés maîtres dans l'art de vous glisser dans un lot
de belles plumes une foule de rossignols sans aucune
valeur !

L'aspect de Steamer-Point, vu de la rade, n'est
point d'une gaieté folâtre. Impossible d'imaginer un
lieu plus triste et plus désolé ! On n'a devant les
yeux que des rochers brûlés par un soleil implacable
et dévorant, sans trace d'une végétation quelconque.

Le lichen même refuse de couvrir de sa hideuse lèpre cette surface calcinée d'un bout de l'année à l'autre. Sur les crêtes dénudées et sur les pentes qui conduisent à la mer, apparaissent de formidables batteries et des constructions de style oriental qui se détachent en blanc cru sur la teinte rouge brique de la montagne. Ce sont des casernes, les habitations des Consuls et le sémaphore juché sur le pic le plus élevé. En bas, au milieu d'une sorte d'amphithéâtre entouré de montagnes de tous côtés et qui n'a de dégagement que vers la mer, se trouvent plusieurs hôtels confortables tenus principalement par des Français et quelques beaux magasins de curiosités indiennes. La place est encombrée par des voitures légères attelées de chevaux arabes, des bourricots tout sellés, des chameaux accroupis et une population composée d'Indiens, sujets anglais, et de Somalis drapés fièrement à la romaine dans une grande cotonnade blanche ressemblant à une toge.

La ville d'Aden est à une lieue de Steamer-Point. Elle est située au milieu d'un cratère volcanique éteint, d'un aspect presque lugubre. Avant de pénétrer dans la ville on passe sous des voûtes sombres, au milieu de rochers dentelés qui conservent encore la trace des feux souterrains auxquels ils doivent leur origine. A la première porte, un soldat cipaye vous présente gravement les armes ; on sent qu'on entre dans une ville de guerre formidablement armée.

A l'intérieur du cratère surmonté de toutes parts par
de noirs rochers, se trouve une ville assez popu-
leuse, des casernes et le logement des officiers anglais
qui doivent mortellement s'ennuyer dans une pareille
garnison. La seule chose à voir, ce sont les *citernes*,
qui recueillent avec soin les eaux qui tombent quelquefois dans ces parages, où il pleut en moyenne
tous les deux ans. Ces citernes sont formées par un
grand nombre de bassins et d'anfractuosités cimen-
tés avec soin et communiquant les uns avec les
autres. On a essayé de faire une sorte d'embryon de
square auprès de la première citerne, et on y a
planté quelques arbres que l'on soigne comme des
enfants au biberon. L'unique résultat auquel on était
arrivé avait été de les empêcher de mourir ; mais
ils ressemblaient à de pauvres êtres rachitiques qui
ne produiront sans doute jamais une frondaison bien
touffue. Les Anglais y ont l'illusion d'un jardin.

Nous quittons Steamer-Point dans la soirée ; nous
trouvons dans le golfe une mer houleuse qui ne fait
que s'accentuer aux approches du cap Guardafui de
sinistre mémoire. Ce cap dangereux, qu'on est obligé
de venir reconnaître lorsqu'on arrive des mers de
l'Inde pour entrer à Aden, est souvent invisible le
jour à cause des brouillards si fréquents dans cette
région. Et comme il n'existe aucun phare sur la
côte, on ne l'aperçoit la nuit que lorsque le ciel est
bien éclairé par la lune. De plus, on le confond

souvent avec le cap Raz-Hafoun situé beaucoup plus bas. Bien des navires se sont déjà perdus sur cette côte inhospitalière ; il y a peu d'années, c'était le *Méi-Kong*, un des plus beaux steamers des Messageries, qui faisait côte sur les rochers formant le pied du cap. L'année dernière, c'était la *Creuse*, un grand transport de l'État. Autrefois les équipages et les passagers des navires naufragés dans ces parages subissaient de la part des Sômalis les plus durs traitements et étaient ou massacrés ou emmenés en esclavage dans l'intérieur du pays. Pour éviter de pareilles extrémités et garantir la vie sauve aux naufragés, on a dû passer un véritable traité avec les sauvages tribus de la côte, en vertu duquel le navire et tout ce qu'il contient devient leur propriété légale. Depuis cette époque, ces conditions ont toujours été observées. Mais les nations maritimes qui fréquentent le plus souvent ces mers ne feraient-elles pas mieux de se concerter pour établir à frais communs un poste fortifié et un phare au sommet du cap ! Que de sinistres et d'existences précieuses une pareille installation épargnerait pour l'avenir !

Pendant la mousson du sud-ouest la mer est démontée au cap Gardafui ; fort heureusement nous ne nous trouvions pas dans cette saison désagréable. Nous jouissions, au contraire, d'une mer calme et tranquille comme celle d'un lac. Nous apercevons dans le lointain l'île de Socotora, célèbre dans le

1*

monde entier par l'aloès qu'elle produit. C'est la
dernière terre que nous devons rencontrer jusqu'à
Ceylan. Nous avons devant nous cinq jours de traversée pendant lesquels nous n'allons voir que le ciel
et l'eau. Le soleil, de plus en plus chaud, à mesure
que nous descendons vers la ligne, transforme le
pont du paquebot en une véritable fournaise. La
double tente suspendue au-dessus de nos têtes suffit
à peine à modérer l'intensité de ses rayons brûlants.
On passe une grande partie des après-midi étendu
paresseusement sur des chaises longues en rotin,
ressemblant à des lits de repos. On cause peu, on
lit beaucoup et on dort encore davantage. Quand la
chaleur est un peu tombée, vers le soir, on se livre
à quelques jeux fort à la mode pendant les traversées : le jeu du *palet,* du *tonneau ;* les Anglais orga-
nisent, malgré la température sénégalienne, des
parties de *lawn-tennys* qui les mettent en nage !...
Mais les plus grandes distractions du bord sont, sans
contredit, les repas qu'on a multipliés à souhait sur
les Messageries pour couper agréablement la monotonie de ces interminables journées. En voici la
nomenclature :

À 7 h. du matin, premier repas léger composé de
chocolat, lait, thé, café, gâteaux secs. À 9 h. 1/2,
déjeuner très substantiel, à trois services, digne de
figurer sur la carte des meilleurs restaurants de
Paris. À midi, lunch avec bouillon, viandes froides,

fruits, vin et bière. C'est un second déjeuner. A 4 h.
1/2, la cloche vous appelle encore à table pour le
dîner, agrémenté d'un dessert de choix, de vins fins,
liqueurs, etc. Enfin, à 8 h., thé, grogs, gâteaux.

Nous usions très discrètement de ces trop nombreuses agapes auxquelles nos mœurs ne nous ont
point accoutumés. Mais les Anglais, les Hollandais,
peuples du Nord habitués aux repas copieux et fréquents, se comportaient à table avec une de ces
vaillances qui faisaient tout à la fois mon admiration
et mon effroi ! Hommes et femmes, depuis les gens
de la plus belle corpulence jusqu'aux maigres et dia-
phanes anglaises, faisaient consciencieusement leurs
cinq repas par jour et ne semblaient nullement être
incommodés de ce régime alimentaire. Je me suis
souvent demandé si la capacité de leurs estomacs
dépassait les limites ordinaires de cet organe ou s'ils
avaient reçu du ciel le don de digérer comme des
canards. Rien ne peut donner une idée de ces appé-
tits exotiques, quand on ne les a pas vus à l'œuvre !

Pendant les premiers jours qui suivirent le départ
de France, les passagers étaient de véritables incon-
nus les uns pour les autres. Ce n'est qu'un peu plus
tard que la promiscuité forcée de la vie de bord
engendre des liaisons et oblige à des relations qui
font vite disparaître l'incognito sous lequel chacun
se cachait. Au bout de quinze jours tout le monde se
connaît ; on sait qui vous êtes, d'où vous venez, où

vous allez. On saisit sur le vif les petits ridicules des uns et des autres; et, comme dans toute société, il se trouve toujours quelques types qui servent à amuser la galerie.

Je me souviens, entre autres, d'un évêque anglican qui se rendait aux Indes et dont l'extérieur et l'accoutrement faisaient l'objet de nos plaisanteries. Notre Révérend, grand et sec comme un échalas, la figure blême encadrée de deux favoris de substitut, portait un de ces costumes dont les Anglais ont seuls le secret et qui tenait tout à la fois du bedeau et du laquais. Il était vêtu d'une longue redingote noire en forme de soutane, d'un gilet noir tombant très bas et serré au milieu par une large ceinture. De grandes guêtres montantes enserraient ses longs et maigres tibias. Mais c'est surtout la coiffure qui méritait à elle seule une description.

Figurez-vous un chapeau noir à haute forme, à ailes relevées sur les côtés et retenues par des lacets comme ceux des ecclésiastiques et orné d'une sorte de cocarde noire surmontée d'une houpette. Tout à fait le chapeau d'un cocher de bonne maison !

La tenue de ce prince de l'Église anglicane rappelait si bien celle d'un domestique que le Commissaire du bord, qui n'avait jamais vu d'évêques anglais en costume de ville, s'y laissa prendre et commit une énorme bévue à l'égard de notre Révérend. Le jour de notre départ de Marseille, un peu avant que nous n'eussions quitté le bassin des Messageries, le Commissaire vit errer dans les couloirs le personnage en question, portant une valise à la main et l'air passablement ahuri. — Eh! l'ami, lui dit le Commissaire d'un ton assez bourru, vous êtes sans doute le domestique du Bishop et vous cherchez la cabine de votre maitre? Adressez-vous au maitre d'hôtel. La figure du Révérend devint cramoisie; il toisa le Commissaire d'un air superbe et lui répondit d'un ton sec: — Vos êtes une petite insolent. C'est moà qui suis le Bishop!!! Le pauvre Commissaire faillit s'évanouir de saisissement; sa méprise pensa lui faire perdre sa place.

Nous avions aussi à bord un gros et gras mandarin, qui changeait chaque matin de costume et faisait des exhibitions de belles robes de soie aux couleurs voyantes, brochées d'or et d'argent; — un major anglais, haut en couleur, appartenant à l'armée des Indes. Ce brave militaire, parlant à tout propos d'un certain général Simpson, sous les ordres duquel il allait servir et dont il vantait outre mesure les mérites, finit par devenir le plastron d'un de nos malins compatriotes, un jeune secrétaire des affaires indigènes de Saigon qui ne l'abordait jamais sans lui demander d'un air ingénu et en contrefaisant l'accent du major: « Pinsez-vos que le dgénéraul Simpson, il était un grand dgénéraul? — « Aoh! jo pinsai! répondait invariablement

le major avec énergie et conviction, sans se douter
de la scie que lui montait son mystificateur, et
heureux d'affirmer devant un Français les vertus
guerrières de son général.

Parmi les dames, il y avait quelques anglaises
comme on en voit si souvent en voyage, longues et
minces comme des perches, toutes en taille, en
pieds et en dents. Vous avez tous rencontré sur
le continent ce type d'Outre-Manche, sans grâce,
sans tournure, dégingandé, habillé à la diable, les
cheveux noués par derrière en un petit tortillon qui
leur sert de chignon. Comme elles ne possèdent,
du moins en apparence, aucun des attributs de
leur sexe, que nos coquettes françaises savent si
bien faire ressortir et, au besoin, exagérer, on se
demande si elles ne sont point de grands garçons
habillés en filles. Elles étaient mariées ou fiancées
à des officiers qu'elles allaient seules rejoindre
dans l'Inde. Pour passer le temps elles se faisaient
faire par leurs compatriotes une de ces cours dont
nos mœurs françaises n'accepteraient point le laisser-
aller et que les Anglais, si pudibonds et si corrects,
ont baptisé du joli nom de *flirtation*.

Au milieu de l'élément féminin s'était glissée une
jolie américaine, d'une tenue si parfaite et si convenable, que nous la prîmes d'abord pour une femme
du meilleur monde. Mais le Commissaire, dont c'était
le métier de tout savoir, nous apprit que cette

idéale créature n'était autre chose qu'une gour-
gandine de Shang-Haï qui se rendait dans cette
ville pour faire la conquête de quelque gros négociant en thés. — « Si vous ne me croyez pas,
écoutez-la parler, nous dit cet homme impitoyable
pour nos illusions et vous reconnaitrez la voix
cassée des grandes noceuses. » Il fallut bien se
rendre à l'évidence ; mais jamais je ne vis plus jolie
enveloppe recouvrir une pareille corruption.

Après avoir dépassé Guardafui, le commandant
Rapatel, pour plaire à ses passagers, fit monter le
piano sur le pont. Ce brave commandant, dont je
n'ai pas encore eu occasion de parler jusqu'à présent,
est le capitaine le plus populaire de la flotte des
Messageries. C'est non seulement un marin habile
et heureux, ce qui inspire toujours confiance à ceux
qui naviguent avec lui ; mais c'est encore l'homme
le plus aimable, le plus prévenant et le plus atten-
tionné pour ses passagers, qui se puisse voir. On
retient plusieurs mois à l'avance sa place sur le
paquebot que commande M. Rapatel, et il y a des
fanatiques qui ne veulent passer que sur le navire
qu'il conduit. Je dois dire, moi qui ai eu l'occasion
de naviguer deux fois avec lui, que la réputation
qu'on lui a faite est justement méritée.

Il se trouvait parmi nos compagnons de route des
amateurs d'un réel talent qui nous faisaient entendre
chaque soir des concerts fort attrayants. Un russe

mélomane exécutait d'une voix de tête un peu trop
perçante les airs si originaux de sa patrie. Une
jeune dame espagnole chantait à ravir les roman-
ceros de son pays. Souvent même, quand l'état de
la mer le permettait, on dansait jusqu'à une heure
avancée de la nuit.

Il y avait déjà plusieurs jours que ces soirées
musicales étaient inaugurées, lorsqu'un beau soir
nous vîmes arriver sur le pont et se diriger vers le
piano, un couple qui s'était tenu d'une façon systé-
matique à l'écart des autres passagers depuis le
commencement de la traversée. C'était un riche
propriétaire de moutons d'Australie et sa femme,
grande anglaise maigre et rousse. Le mari tenait
sous son bras un violoncelle et milady un volumineux
cahier de musique. Notre curiosité était vivement
aiguisée par la venue de ces deux nouveaux amateurs
sur lesquels on était loin de compter. Ils débutèrent
tout d'abord par deux ou trois morceaux de musique
classique sérieuse, fort bien exécutés et qui leur
valurent des applaudissements justement mérités.
Milady chanta ensuite d'une voix grave et bien
timbrée des morceaux d'opéras des grands maîtres.
Puis, tout à coup, sans transition aucune, elle
changea brusquement de style et se mit à entonner...
devinez quoi ? — Je vous le donne en mille ! —
Un morceau de la Belle-Hélène, le plus risqué de
toute la partition, qui commence ainsi : « Dis-moi,

Vénus, quel plaisir trouves-tu à faire ainsi cascader ma vertu?... » Ah! elle eut un succès fou, colossal! Toute la galerie riait à se tordre. Il y avait en effet quelque chose de franchement comique à voir cette anglaise froide, compassée, solennelle, essayer d'interpréter la musique sautillante et si alerte d'Offenbach, et cela avec l'inimitable accent des Anglais qui prononcent le français comme leur langue maternelle. Elle pensa sans doute, en agissant ainsi, plaire au commandant, aux officiers du bord et aux passagers français en leur chantant des morceaux d'un répertoire aussi léger que le caractère prêté à notre nation.

A partir de cette mémorable soirée, la glace fut rompue. On usa et on abusa de milady. Le secrétaire des affaires indigènes de Saïgon se mit en tête de faire chanter à cette grave anglaise le *Sapeur* et la *Femme à barbe...*, et y réussit! Vous jugez si nous nous sommes amusés tout le temps que durèrent ces bouffonneries, qui nous aidaient à passer agréablement les heures habituellement si ennuyeuses de ces longues traversées.

Mais revenons à notre voyage. Pendant que nous bavardons l'*Oxus* a fait du chemin. Le 8 avril, nous nous trouvons entre les Laquedives et les Maldives; nous passons en vue d'une petite île dont on aperçoit de loin les verts cocotiers, c'est l'île Minicoï. Le canal que nous traversons porte le nom de canal des 9 degrés. Le 10, nous arrivons à Colombo, une des villes principales de la grande île de Ceylan. Nous ne faisons point une escale assez longue pour descendre à terre, mais nous sommes mouillés assez près de la ville pour nous en faire une idée. Des barques indigènes à balancier entourent notre navire ; elles sont minces et étroites et chavireraient au moindre coup de mer si elles n'étaient appuyées sur une longue pièce de bois latérale et flottante reliée à la pirogue par deux étais. Au moyen de cet artifice elles sont maintenues en équilibre et deviennent insubmersibles. On les appelle *catimarons* ou *oustriggers* dans le pays.

Nous quittons bientôt Colombo pour Pointe-de-Galles où nous jetons l'ancre dans la soirée.

Chemin faisant, nous admirons les rives verdoyantes de l'île de Ceylan que nous cotoyons de très près. Elle nous apparaît couverte de cocotiers et de beaux arbres jusqu'à ses sommets les plus élevés. C'est dans cette île fortunée que l'on place le berceau du genre humain et le Paradis terrestre. Elle était digne d'un pareil choix de la part du Créateur, en raison de la douceur de son climat et de sa luxuriante végétation.

La rade de Pointe-de-Galles est une des plus jolies que l'on puisse voir ; mais elle a un défaut capital pour une rade, c'est qu'on n'y est point à l'abri des grands vents et de la forte houle du large, en

sorte que les navires qui viennent y jeter l'ancre y
sont exposés à un roulis effroyable, et quelquefois
jetés à la côte, ainsi que nous en avions un exemple
sous les yeux, un grand trois-mâts ayant sombré à
un mille de nous quelques jours avant notre arrivée.

La ville de Pointe-de-Galles a été bâtie par les
Hollandais ; on aperçoit de la rade les vieux remparts
de couleur brune, les forts, le palais du Gouverneur,
les églises, les belles promenades qui l'entourent et
les forêts vierges qui lui servent comme de fond de
tableau et s'étendent au loin, à perte de vue. A
bord, les marchands de jolis objets en écaille, en
ivoire, de dentelles faites à la main, étalent leur marchandise sur le pont et nous laissent pour quelques
francs ce qu'ils nous avaient offert d'abord pour plusieurs piastres. Des jongleurs cingalais et des char-
meurs de serpent nous amusent par leurs tours de
passe-passe et les danses qu'ils font exécuter à de
gros serpents à lunette, au son d'une flûte criarde
à trois trous.

Le 11 avril, nous quittons Pointe-de-Galles au petit
jour. La température est étouffante, le ciel orageux,
le thermomètre marque 30° à l'ombre ; nous sommes
dans la région des grains et des orages.

Le 14, nous doublons la pointe d'Atchim qui
commande l'entrée du détroit de Malacca ; nous ne
sommes plus qu'à 650 milles de Singapour. Nous
avons maintenant la vue des côtes et nous rencon-

trons sur notre passage une foule de petites îles rondes et pointues comme des pains de sucre et couvertes d'arbres de la base au sommet. C'est Poulo-Bras, Poulo-Wray, Poulo-Jarra, Poulo-Pison, les îles Carimon.... Enfin, le 26, dans l'après-midi, Singapour nous apparaît au fond d'un étroit goulot qui fait communiquer le détroit avec la mer de Chine. L'*Oxus* s'amarre bord à quai devant le parc à charbon des Messageries à New-Harbourg, qui est comme une sorte d'avant-port précédant la grande et belle rade de Singapour située à une demi-lieue plus loin.

Singapour est bâtie sur un ilot montagneux couvert de cette admirable et riche végétation des tropiques qui s'y montre dans toute son intensité et sa folle profusion. La ville, que nous nous empressons de visiter, est de construction plutôt chinoise qu'européenne. Il n'y a que les principaux monuments publics et le palais du Gouverneur qui portent le cachet de l'architecture anglaise. Les maîtres de l'île n'habitent point la ville. Ils quittent Singapour le soir après la fermeture des bureaux et se rendent dans de délicieuses villas, bâties à mi-côte sur la montagne, adossées à des forêts ombreuses et exposées à la brise de mer. Ils mènent dans ces somptueuses demeures, occupées par un nombreux domestique, une existence large presque seigneuriale ; ils s'y donnent tout le bien-être compatible avec le climat sous lequel ils sont appelés à vivre pendant de longues années. Quand je compare ces habitudes de luxe et de confortable avec la mesquinerie et les privations que s'impose la majeure partie de nos fonctionnaires coloniaux, je ne puis m'empêcher de penser que les Anglais sont bien plus pratiques que nous et que la seule manière de se plaire et de s'attacher aux pays de l'Extrême-Orient, et même d'y conserver sa santé, c'est d'imiter ce que font nos voisins.

Une voiture du pays nous conduit vers le sommet d'une haute colline où un riche Chinois a fondé un magnifique jardin des plantes qu'il entretient de ses deniers. Nous fûmes enchantés de notre excursion qui nous permit de nous rendre compte des richesses botaniques de l'île de Singapour et de jeter un coup d'œil sur les spécimens de la faune de cette contrée. Nous avions en même temps sous les yeux l'éblouissant panorama de la ville, de sa rade, de New-Harbourg, d'une partie du détroit et de la mer de Chine. En retournant à bord nous passons au milieu de marécages couverts de palétuviers, où habitent des familles de pêcheurs malais dans de petites cabanes en bois construites sur pilotis. Nous devons retrouver ce type de constructions chez les pêcheurs annamites de toute la Basse-Cochinchine.

Le 17 avril, à midi, nous disons adieu à Singapour dont nous emportons un de nos plus charmants souvenirs de voyageurs et nous commençons la dernière étape de 500 milles qui nous reste à faire pour arriver à Saigon. Nous sommes dans la mer de Chine ; la mousson est fraîche et souffle avec violence dans une direction opposée à notre route. Nous tanguons d'une façon désordonnée et nous embarquons des paquets de mer à l'avant. Nous ne sommes plus que quelques passagers à bord ; nous en avons semé à toutes nos escales.

Le 18, à 6 h. du matin, nous passons auprès de la grande île de Poulo-Condor qui nous appartient et qui sert de bagne et de pénitentier à la colonie de Cochinchine. A 5 h. du soir nous mouillons en face du cap Saint-Jacques, dans une mer tranquille, à l'entrée de la rivière de Saigon, attendant le pilote et l'heure de la marée.

Le cap Saint-Jacques est le point que viennent relever les navires qui vont en Cochinchine. Il s'aperçoit de loin, il est d'un atterrissage facile et il est surmonté d'un phare de première classe, d'une portée de 28 milles.

Au pied de la montagne on a construit quelques maisons pour les employés du télégraphe sous-marin qui aboutit à cette partie de la côte et signale à Saigon l'arrivée des navires.

Le cap Saint-Jacques fait partie du massif de montagnes granitiques de la province de Baria. Dans les premières années de l'occupation de la Cochinchine par les Français, on fut séduit par la situation

du cap Saint-Jacques au bord de la mer et on eut
l'idée d'y construire un hôpital pour les convalescents.
Après deux années d'essai, on fut obligé d'y renon-
cer ; on s'aperçut que les soldats qu'on y envoyait
étaient encore plus malades qu'à Saigon. Une ten-
tative du même genre faite à Poulo-Condor, balayée
par les vents de mer et située à une altitude de plusieurs centaines de mètres, n'eut pas plus de succès.
C'est un projet à reprendre plus tard quand on aura
mieux étudié les causes qui ont fait échouer ces premières tentatives ; car il semble que Poulo-Condor
et le cap Saint-Jacques se trouvent dans des conditions de salubrité bien supérieures à celles de Saigon,
enfoncée fort avant dans les terres et ne recevant les
brises de mer qu'accidentellement et quand elles
ont déjà passé sur des rizières vaseuses.

Le 20, à 3 h. du matin, nous entrons en rivière
par une des bouches du Donaï, un des deux grands
fleuves qui arrosent la Cochinchine. Le seul obstacle
que l'on rencontre dans cette magnifique artère est
un banc de corail situé presque à son embouchure
et qu'on ne peut franchir qu'à marée haute. Avec de
la dynamite et une dépense de quelques centaines de
mille francs on aurait bien vite fait sauter ces madré-
pores. Il faut environ 5 h. pour se rendre à Saigon.
A mesure que nous avançons, nous sentons la brise
de mer nous abandonner ; c'est une atmosphère
lourde, chaude et humide qui la remplace ; le ther-

momètre marque 31°50. Le corps se couvre d'une sueur abondante, on se sent énervé et anéanti en respirant cette buée humide qui s'élève de ces marécages s'étendant de tous côtés, aussi loin que le regard peut atteindre. En jetant les yeux sur les terres qui nous entourent et le pays que nous traversons, on se rend parfaitement compte de l'impression physique que l'Européen doit ressentir dans ces régions. Le fleuve qui nous porte roule ses eaux jaunâtres entre deux rives presque noyées, bordées sur presque tout son parcours de cases bâties sur pilotis, de bouquets d'arbres et de cocotiers. Derrière ce rideau pittoresque, et je dirai même ravissant, tant les villages sont coquettement disposés dans leur nid de verdure, on ne voit que rizières noyées traversées par de nombreux arroyos. Partout de l'eau, de la vase ; on dirait, et c'est bien la vérité, un terrain en voie de formation et s'exhaussant d'année en année par l'apport des alluvions que charrient le Mékong et le Donaï. Quand le soleil brûlant a dardé pendant 12 h. ses rayons perpendiculaires sur cette immense plaine boueuse gorgée d'humidité et de matières organiques en décomposition, on comprend qu'il ne peut en résulter qu'un état climatérique où dominent les pluies, les orages et un état sanitaire fort peu en rapport avec la constitution des Européens habitués à des climats tempérés.

Le pays est tellement plat, tellement bas, que la rivière coule au même niveau que les berges. De loin, nous apercevons les tours carrées de la Cathédrale, le palais du Gouverneur, les principaux monuments de Saigon ; le panorama de la ville n'est point disgracieux, tant s'en faut. La vue de la capitale de la colonie est faite, au contraire, pour nous réjouir le cœur, et nous avons hâte d'arriver au terme de ce long voyage. A 8 h. du matin, le 19 avril, nous sommes amarrés aux appontements des Messageries, après 32 jours de mer et 6 escales !

CHAPITRE DEUXIÈME.

—

Signalés depuis la veille à Saigon, par le bureau télégraphique du cap Saint-Jacques, nous sommes attendus par des collègues et des amis qui viennent à bord de l'*Oxus* nous souhaiter la bienvenue et se mettre à notre disposition pour nous piloter et nous conduire à notre gîte. Nous descendons nous et nos bagages dans un *sanpang*, barque légère indigène manœuvrée par un annamite et sa *congaï*; nous traversons l'arroyo chinois, affluent de la rivière de Saigon qui sépare les Messageries de la ville, et nous débarquons sur l'autre rive à un môle en maçonnerie garni de bancs et surmonté d'un grand mât de pavillon. Ce lieu est connu sous le nom familier de *Pointe des Blagueurs*; il est très fréquenté le soir, après dîner, par les flâneurs qui viennent humer l'air frais de la rivière et assister au va et vient incessant des jonques qui vont porter à *Cholen*, la ville chinoise, leurs riches cargaisons. De là nous montons dans un véhicule du pays, sorte de boîte carrée traînée par un maigre petit cheval et conduite par un cocher chinois qui ne comprend pas un mot de français. C'est en lui touchant l'épaule de sa canne qu'on le fait aller à droite, à gauche ou devant lui. Les nouveaux débarqués, qui s'imaginent trouver un cicerone dans leur cocher, se sont mis fréquemment dans de grands embarras en confiant leur personne à ces étrangers, qui profitaient de leur naïveté pour les conduire au hasard dans la ville et se faire payer plusieurs heures de voiture.

Nous traversons une partie du quai du Commerce, le bas de la rue Catinat et nous nous faisons descendre à l'*hôtel Favre*, sorte de grand caravansérail,

à la façon des hôtels anglais de Ceylan et de
Singapour. Cet hôtel est une véritable providence
pour les voyageurs ; c'est la seule de nos colonies
qui jouisse d'un établissement aussi bien compris.
L'homme qui en a conçu le plan et qui l'a fait
construire était tout à la fois un cuisinier habile et
un organisateur de premier ordre. Il a pensé qu'en
raison du nombre considérable de passagers militaires
ou civils qui arrivaient dans la colonie, chaque
année, il fallait installer à Saigon, non seulement
un asile temporaire pour les premiers jours, mais
encore un hôtel convenable susceptible de retenir les
célibataires et les gens de passage, leur fournissant
tout à la fois des chambres vastes et bien meublées,
une table excellente, un lieu de réunion et un
service bien fait. M. Favre était parvenu à réaliser
cet idéal ; et, au bout de peu d'années, ses concep-
tions avaient si bien réussi qu'il partait pour la
France avec une certaine fortune, laissant à son
successeur un établissement en pleine prospérité.

L'hôtel Favre occupe presque toute la partie de
la rue Catinat comprise entre le boulevard Bonnard
et la rue d'Espagne. Il est situé au centre de la
ville, dans la rue la plus animée, la plus commerçante et à proximité des quais et des appontements des messageries et des transports de guerre.
Au rez-de-chaussée se trouvent une salle de billard,
un grand restaurant pour les personnes qui désirent

manger seules ou par petits groupes, et deux ou
trois autres salles à manger de moindre étendue
pour les pensionnaires. Pendant les repas, les
consommateurs sont rafraîchis par le mouvement
lent d'immenses *pancas* disposés au-dessus de leurs
têtes et qui font office de gigantesques éventails.
Des vérandahs entourent la maison par devant et
par derrière. Le premier et le second étage sont
occupés par des chambres au nombre de 50 à 60.
Un grand corridor bien aéré sépare les appartements
en deux séries, ceux qui ont vue sur la cour et
ceux qui regardent la rue. Ces derniers sont les
plus chers et les plus recherchés. Les chambres
sont construites et meublées suivant un modèle
uniforme, sans luxe, mais néanmoins avec une
certaine entente du confortable. A côté de chacune
d'elles existe un cabinet de toilette muni d'une
douche, d'une baignoire et d'un robinet qu'on n'a
qu'à tourner pour avoir de l'eau fraîche à profusion.
Cette dernière installation est un véritable trait de
génie de la part du constructeur de l'établissement.
En effet, trouver à côté de soi, à portée de sa
main, à n'importe quelle heure dans un pays aussi
chaud que Saigon, de l'eau à discrétion sous forme
de bains, de douches, d'ablutions froides, constitue
une volupté qui ne peut se comparer à aucune autre !
Quand, par les chaleurs étouffantes des mois d'avril
et de mai, le thermomètre se maintient à 31° le

jour comme la nuit, la plus grande jouissance physique que l'on puisse éprouver, c'est de se plonger dans de l'eau relativement froide, qui produit une soustraction de calorique se prolongeant assez longtemps pour amener une détente et un bien-être de plusieurs heures. Ce sont ces affusions d'eau froide qui vous aident à traverser les mois les plus chauds de l'année sans trop d'énervement.

Cette recherche du bien-être des pensionnaires de l'hôtel a fait plus que tout le reste pour son succès. Aussi beaucoup d'officiers n'ont pas hésité à y faire leur résidence pendant toute la durée de leur séjour en Cochinchine, plutôt que de s'installer dans des maisons particulières, avec obligation de les meubler, d'être moins bien servis qu'à l'hôtel et avec la certitude de ne point y rencontrer les commodités dont je viens de parler.

Le prix des chambres est de 13 à 15 piastres (65 à 75 fr.) Quant à la pension, elle est d'un prix fort abordable pour les officiers qui viennent servir en Cochinchine et dont les appointements sont généralement assez élevés. C'est 30 piastres par mois (150 fr.) : vin, glace, café, liqueurs, 10 plats à choisir et service compris.

Je pris le parti de rester à l'hôtel et de m'y installer tout à fait pour tout le temps de mon séjour à Saïgon. Ceux qui préfèrent habiter en ville et se mettre en leur particulier n'ont que l'embarras du choix. Ils peuvent trouver, moyennant 75 à 100 fr. par mois, des petites maisons seules ou des logements un peu plus vastes pour 125 à 150 fr.; on les prend alors à deux pour payer moins cher. Un ménage est obligé de mettre au moins 100 fr. dans son loyer. Comme la location des immeubles est très rémunératrice à Saïgon, les personnes qui gagnent de l'argent dans les affaires ou qui ont un petit capital le placent fréquemment dans des maisons qu'ils font construire ou qu'ils achètent pour les mettre en location. Ils s'assurent ainsi un revenu de 10 à 12 %. Il est donc assez facile de se loger quand on ne veut pas habiter les hôtels.

Seulement on est obligé de meubler la maison soi-même et de faire les premières dépenses d'installation. Dans ce cas, on s'adresse à la salle d'encan de la rue Catinat, située vis-à-vis l'hôtel Favre. On y trouve, à bon compte, mobilier, literie, vaisselle, etc., provenant des personnes quittant la colonie. Pour les bourses tout à fait modestes, je recommande les magasins chinois de la rue Catinat qui vendent des lits et des chaises en bambou à un prix vraiment dérisoire de bon marché. C'est léger, solide et d'un bon usage. Quand on n'est pas trop difficile, on couche sur un matelas cambodgien, fait de telle sorte qu'il peut se plier pour le voyage ; on garnit le lit d'un moustiquaire et on a tout ce qu'il faut pour dormir.

La grosse affaire ensuite est de se procurer un domestique et un cuisinier, si l'on mange chez soi. Le domestique est généralement annamite ; il coûte très cher, 30 à 40 fr. par mois, nourriture en plus, et ne vaut pas grand'chose. Ce sont de jeunes garçons de 18 à 20 ans appelés *boys ;* ils sont paresseux, presque toujours voleurs, on est obligé de les changer à chaque instant. Le cuisinier est habituellement de race chinoise : il revient à 40 ou 50 fr. par mois. On en est presque toujours satisfait et il se met rapidement au courant des habitudes de la cuisine européenne et des goûts des personnes qu'il est appelé à nourrir. Seulement il n'aime pas à être tracassé dans son service. On lui donne le matin l'argent du marché et on lui dit : « Avec cela tu vas m'acheter du pain et des vivres de façon à me faire bien manger. » Il se débrouille toujours avec la somme que vous lui distribuez et parvient à vous donner une bonne table pour un prix relativement peu élevé. On ne compte jamais avec lui ; s'il y a une différence à son avantage, c'est son affaire.

Dans un ménage avec enfants on a souvent besoin d'une domestique femme. On en trouve d'assez bonnes à la Sainte-Enfance. Elles sortent des mains des sœurs, sachant coudre, travailler et parler français. Malheureusement, quand elles sont jolies, elles tournent souvent mal, comme cela arrive fréquemment en France pour les filles de la même catégorie. Néanmoins, j'ai entendu dire que le service de ces domestiques n'était pas mauvais. On s'en contente faute de mieux.

Le premier jour de mon débarquement à Saigon, je reçus la visite de plusieurs fournisseurs chinois qui vinrent me faire leurs offres de service : c'était le blanchisseur, le tailleur, le cordonnier, etc. Chacun d'eux se présentait avec des certificats les recommandant à la bienveillance des nouveaux arrivants. Moyennant un abonnement de 12 fr. 50 c., le blanchisseur se charge de laver et repasser tout le linge que l'on est susceptible de salir pendant le mois. Et Dieu sait si l'on se fait faute de changer souvent de linge dans un pays où l'on est presque toujours en transpiration !

A Saigon, le blanchissage est fait uniquement par des hommes. Il faut voir dans la rue Catinat, où se tient principalement cette corporation, les artisans chinois procéder au repassage du linge ; c'est une opération originale qui mérite d'être décrite. Le repasseur s'emplit la bouche d'un mélange d'eau et d'amidon et il projette avec ses lèvres une buée très fine de ce liquide sur la chemise étendue devant lui ; au fur et à mesure il passe sur la partie ainsi arrosée une sorte de casserole à manche remplie de charbons allumés. Avec des moyens aussi primitifs et un appareil de chauffage aussi simple, le linge est admirablement repassé et d'une blancheur éblouissante.

Quant aux vêtements et aux chaussures, les Chinois vous les confectionnent à si bon marché qu'on ne trouve aucun avantage à apporter de France un assortiment de costumes pour son usage. Qu'on en juge ! Un vêtement complet en flanelle bleue légère, composé d'un pantalon, gilet et veston ne coûte pas plus de 40 fr., étoffe et façon comprise. Les cordonniers chinois, de leur côté, vous font une paire de bottines en étoffe noire, souple et fraîche pour 5 fr. Ce n'est pas, si l'on veut, élégant et raffiné ; mais c'est commode et tout à fait en rapport avec les exigences du climat. Les tailleurs et les cordonniers chinois ne se lancent point, du reste, dans les créations fantaisistes et les coupes savantes ; ils en seraient incapables. Ils se contentent de copier servilement les modèles que vous leur donnez. C'est à cette imitation que se borne toute leur ambition.

Vêtement de flanelle et casque en aloès constituent, en général, le costume porté par la majeure partie des Européens à Saigon. Quelques jeunes gens ont adopté la mode des officiers anglais de l'Inde et de Singapour et qui consiste à porter directement sur la peau des vestes blanches en coton boutonnées de haut en bas, que l'on change chaque matin et qui dispensent de chemise. C'est l'habillement réduit à l'indispensable.

Le lendemain de mon arrivée, je m'empressai d'aller faire visite au gouverneur et aux principales autorités de la colonie. M. Le Myre de Villers, aujourd'hui Résident général à Madagascar, me reçut ainsi que mes autres compagnons de voyage avec la plus grande cordialité et nous invita à dîner pour le surlendemain. Il m'est resté de cette première entrevue et de celles très fréquentes qui suivirent, car M. Le Myre de Villers était un des gouverneurs les plus accueillants que j'aie connus, des impressions que je tiens à faire connaître et qui me sont tout à fait personnelles.

M. Le Myre de Villers était un homme d'une grande énergie et digne, sous tous les rapports, des hautes fonctions dont il était investi. Laborieux, instruit, familier avec toutes les questions administratives et coloniales, rompu aux affaires, voyant et étudiant tout par lui-même, ne donnant au repos que le temps strictement nécessaire, il employait ses forces et son intelligence au service d'une colonie qu'il cherchait à administrer dans des voies sagement progressives. D'un abord facile, aimable pour les gens laborieux, dur pour les paresseux et les brouillons, il s'est fait diversement juger dans la colonie. On peut dire que ce gouverneur civil était très aimé par les fonctionnaires européens de la marine, par les commerçants importants et par les Annamites, critiqué par quelques hauts fonctionnaires civils dont il avait diminué les prétentions et les attributions, et cordialement détesté par une petite coterie d'am-

bilieux sans talent ou de déclassés qui cherchaient
leur voie dans une opposition tracassière.

Au physique, M. Le Myre de Villers était alors un
homme de cinquante ans, de haute stature, très brun,
maigre, bien que de constitution robuste. Sa figure
sévère, aux traits fortement accentués, au teint
bilieux, rappelait le masque d'un Bismark maigre.
Il avait, en effet, comme cet homme de fer, des
yeux noirs enfoncés sous une arcade sourcilière très
prononcée, la face carrée, une forte moustache noire
couvrant la lèvre supérieure et un vaste front dénudé.
Ce qui dominait dans toute sa personne, c'était un
air d'autorité et de décision qui faisait penser, au
premier abord, que cet ancien marin savait ce qu'il
voulait et était capable de faire exécuter sa volonté
avec une indomptable énergie. Son courage était à
la hauteur de toutes les situations. S'agissait-il
d'étouffer un mouvement insurrectionnel fomenté
par les Chinois et les Annamites dans une province
éloignée, il partait seul accompagné d'un aide-de-
camp, tombait à l'improviste au milieu des rebelles,
faisait arrêter les instigateurs de la révolte et tout
rentrait bientôt dans l'ordre. Sa présence et son
ascendant moral avaient suffi pour obtenir ce résultat.
A la dernière épidémie de choléra qui a sévi si
cruellement sur la classe annamite, que de fois j'ai
vu le gouverneur se rendre dans d'infects villages
contaminés par le fléau, visiter les malades que tou[t]

le monde abandonnait, les ranimer par de bonnes
paroles et distribuer à ces malheureux les secours et
les médicaments dont ils avaient besoin ! Rien ne
l'arrêtait quand il s'agissait de payer de sa personne,
ni la crainte des insolations, dans un pays où le
soleil vous tue aussi sûrement et quelquefois aussi
vite qu'un coup de fusil, ni les marches forcées à
travers des marécages immondes. Il disait fièrement
qu'un gouverneur devait être le premier au danger
et montrer le bon exemple aux fonctionnaires et à
la population européenne, afin que le peuple annamite apprît à aimer ou du moins à estimer la nation
qui l'avait vaincu.

On a fait à M. Le Myre de Villers le reproche
plus ou moins mérité d'avoir été un autoritaire
endurci. Ce n'est pas tout à fait exact. C'était un
homme supérieur, à idées parfaitement arrêtées et
qui, pour mener à bonne fin une œuvre qu'il avait
reçu mission de poursuivre, ne se laissait impres-
sionner ni par les criailleries d'un petit clan de
mécontents, ni par les sourdes menées de ceux qui
cherchent toujours à entraver des améliorations
susceptibles de léser leurs intérêts particuliers. Du
reste, est-ce que tout homme de valeur n'est pas
forcément un peu autoritaire ? L'histoire est là pour
l'affirmer. Le tout est d'y mettre des formes, et le
gouverneur de la Cochinchine était aussi bon diplo-
mate et aussi fin politique que bon administrateur.

Une fois seulement il a manqué de mesure et s'est laissé entraîner à un acte qui a causé en partie son rappel en France. Même dans ces circonstances, le gouvernement métropolitain aurait dû le soutenir, parce que les premiers torts ne venaient pas de son côté et qu'on devait y regarder à deux fois avant de priver, pour un motif aussi futile, une colonie importante comme la Cochinchine, d'un gouverneur qui lui rendait tant de services et où il était si bien apprécié. On a cherché depuis à pallier l'injustice commise à son égard et on l'a envoyé, comme Résident général, dans le poste qui exige le plus d'énergie, de capacité et de patriotisme. M. Le Myre de Villers sera à la hauteur de sa tâche, et la République n'aura pas à se repentir d'avoir placé sa confiance dans un homme de cette valeur. Il saura dignement représenter la France, faire respecter le protectorat par les Malgaches et les étrangers et asseoir notre influence dans une contrée que nous avons arrosée si souvent de notre sang et de laquelle nos bons amis les Anglais voudraient nous évincer.

A Saigon, au siège de son gouvernement, M. Le Myre de Villers avait une façon simple de recevoir qui tranchait avec les habitudes de ses prédécesseurs. Autrefois, les gouverneurs se contentaient de donner, dans l'année, quelques grands dîners officiels au Conseil colonial, aux principales autorités de la colonie, mais ils se commettaient rarement avec les

simples mortels leurs administrés. M. Le Myre de
Villers procédait tout autrement. Il recevait également, en grand' apparat, une ou deux fois par an,
les conseillers généraux ; mais, chaque soir, il avait
à sa table cinq ou six invités pris indistinctement
dans le personnel civil et militaire, depuis le simple
sous-lieutenant ou le modeste commis de bureau
jusqu'au général.

Voici comment les choses se passaient habituellement. On allait lui faire une première visite, qui
était toujours invariablement suivie d'une invitation
à dîner. On se rendait au Gouvernement en uniforme
ou en habit noir ; M. Le Myre de Villers, en tenue
irréprochable, habit noir et cravate blanche, entouré
de ses deux aides-de-camp, vous recevait de la façon
la plus aimable, avec une bonne poignée de main.
A 7 heures juste, un maître d'hôtel des plus corrects
venait avertir le gouverneur que le dîner était servi.
On passait dans la salle à manger. Au milieu de la
table magnifiquement servie, s'étalait une corbeille
de fleurs ayant presque les dimensions d'un petit
parterre. Chacun des invités était placé suivant
l'ordre des préséances ; c'était là une des attributions
les plus délicates des fonctions de MM. les aides-de-
camp. Le dîner, sans être d'une recherche exagérée,
était fort délicat et digne du maître de maison qui
recevait. La conversation était quelquefois un peu
froide, surtout quand les convives se connaissaient

peu, bien que le gouverneur fît tous ses efforts pour l'animer. Mais, le fond de son caractère étant fort sérieux, il aimait peu les banalités, et, malgré toute la liberté de parole dont on jouissait, chacun s'observait et se renfermait dans les limites d'une respectueuse politesse.

En sortant de table, on se rendait dans le salon des fêtes, orné à profusion de végétaux des tropiques qui en faisaient presque une serre aux proportions colossales. On y trouvait des tables de wisth et d'écarté, un grand billard qui servait à jouer au *cochonnet*, jeu auquel le gouverneur excellait. Il choisissait trois partenaires de bonne volonté et, pendant une demi-heure, il faisait des carambolages mirobolants, battant à plate couture ses adversaires novices en l'art de ce jeu un peu démodé.

A 8 heures arrivaient une dizaine de personnes qui venaient soit pour rendre des visites de digestion, soit pour faire quelque communication au gouverneur. Car celui-ci, comme tous les grands travailleurs, n'aimait point à recevoir dans la journée et à perdre son temps en conversations souvent oiseuses. Il réservait toutes ses soirées, au contraire, aux personnes qui pouvaient avoir à lui parler. Il consacrait 10 minutes environ à chacun en particulier, causant d'une façon enjouée et familière. Pendant ce temps, les hôtes, jouissant de la plus grande liberté, jouaient, fumaient, buvaient de la bière glacée que des domestiques chinois passaient fréquemment sur des plateaux. A 10 heures, on prenait congé du gouverneur; c'était le moment que celui-ci choisissait pour faire de nouvelles invitations pour le lendemain. Quand on était quelque peu fidèle à ces réunions, on était à peu près sûr de dîner deux fois par mois au Gouvernement.

C'est dans ces soirées intimes que j'arrivai à connaître, au bout de peu de temps, les personnages marquants ou notables de la colonie. C'était, en effet, sur ce terrain neutre et dans ce milieu hospitalier et libre qu'on avait le plus d'occasions de les rencontrer.

Je citerai, pour mémoire, le général Alleyron, commandant supérieur des troupes, vieillard aimable et un peu maladif, arrivé au terme d'une carrière glorieusement employée au service de son pays.

M. Belliard, directeur de l'intérieur, qui, de la position modeste de sous-officier, s'était élevé, par son mérite et son opiniâtreté au travail, au poste éminent qu'il occupait. C'était un homme froid, peu communicatif, d'une santé de fer qui avait résisté à 15 ans de séjour dans la colonie.

M. Bert, procureur général, chef de la magistrature de la colonie, homme aimable, bien élevé, que j'avais connu antérieurement à la Réunion.

Le docteur Chastang, médecin en chef de la marine, homme énergique, médecin éclairé et consciencieux, connaissant à fond les maladies d'un pays qu'il avait précédemment habité ; c'était un de mes vieux camarades.

M. Sergent, chef du service administratif de la marine, le plus charmant, le plus gai et le mieux portant de tous les hauts fonctionnaires de la colonie. Malgré un séjour de plusieurs années en Cochinchine, il avait conservé un magnifique appétit et une robuste santé sur lesquels le climat de Saigon paraissait n'avoir aucune prise.

M. Cornu, maire de Saigon, un de ces hommes comme il en faudrait beaucoup dans la colonie : honnête, laborieux, estimé de tous, d'un dévouement sans limites aux intérêts d'une ville qu'il habitait presque depuis la conquête. Lui et son jeune frère occupaient à Saigon une haute situation commerciale et s'étaient enrichis principalement dans le commerce du riz.

M. Denis, représentant d'une grande maison de Bordeaux, jouissant également comme MM. Cornu, d'une belle position de fortune honnêtement acquise et d'une grande honorabilité commerciale. C'est au Gouvernement que je fis également la connaissance de M. Nouët, inspecteur des affaires indigènes, aujourd'hui gouverneur de la Nouvelle-Calédonie ; du colonel Bichot, qui a si bien gagné depuis ses étoiles de général par sa brillante conduite au Tonkin ; de M. Silvestre, qui a rendu de si grands

services en Annam et au Tonkin en y organisant
l'administration civile.

Après avoir rempli mes devoirs de société, je
formai le projet de visiter la ville de Saigon, puis
celle de Cholen, qui en est très voisine. Je vais
donc essayer de dépeindre, aussi rapidement que
possible, la physionomie de ces deux villes et d'en
décrire les points les plus intéressants ainsi que
les principaux monuments.

La ville actuelle de Saigon date à peine de 25 ans.
Lorsque le vice-amiral Rigault de Genouilly s'empara
de Saigon, le 17 février 1859, la ville annamite se
composait de la citadelle, du camp des Lettrés et
de quelques cases sales et mal bâties disséminées çà
et là dans un désordre qui était loin d'être un
effet de l'art. Presque toute la partie occupée
aujourd'hui par les quais, le Bazard, le boulevard
Bonnard et le centre de la ville, n'était qu'un vaste
marécage où venaient aboutir des arroyos vaseux.
Il a fallu déployer un véritable génie créateur pour
arriver en si peu de temps à combler les marais,
affermir le sol, creuser des égouts, bâtir d'élégantes
maisons et de remarquables monuments, tracer de
larges rues plantées d'arbres, des boulevards, des
squares, placer partout des fontaines où coule une
eau excellente, faire, en un mot, de toutes pièces,
une ville mi-partie orientale et européenne, élégante,

jolie, commode à habiter, pleine de vie et de mou
vement et occupée maintenant par une population
de 35,000 âmes.

C'est aux amiraux Rigault de Genouilly, Charner,
Bonnard, de la Grandière, Dupré, Duperré et au gouverneur civil Le Myre de Villers qu'est due cette rapide
transformation. Grâce à leurs efforts réunis, le cloaque
vaseux et immonde est devenu une des plus belles
et des plus salubres villes de l'Extrême-Orient !

Vingt-cinq ans pour accomplir une pareille œuvre,
sans compter l'organisation civile, politique, militaire
et financière de toute une grande colonie de 2 millions d'âmes, n'est-ce pas un véritable tour de force ?

Je me demande si aucune des nations qui passent
pour les plus habiles en colonisation aurait fait
plus et mieux en si peu de temps. Les Anglais, qui
se montrent plus justes que nous en pareille matière,
bien que jaloux de nos progrès en Indo-Chine, ont
répété bien souvent que nous avions réalisé de
véritables prodiges en Cochinchine, vu le peu d'années qui s'étaient écoulées entre notre conquête et
son organisation définitive. Il n'y a que nous autres
Français, qui aimons à dénigrer notre œuvre et
qui le faisons trop souvent avec une légèreté et une
bêtise qui frisent l'absence complète de patriotisme.

Prise dans son ensemble, la ville de Saigon est
limitée au nord par l'arroyo de l'Avalanche et par
la rivière de Saigon ; au sud, par l'arroyo chinois

et, à l'ouest, par l'immense plaine sablonneuse des Tombeaux, ainsi nommée parce que les Annamites y enterrent leurs morts de temps immémorial et l'ont couverte de tombes qui sont scrupuleusement respectées par les traités.

Toutes les rues sont droites, larges, parallèles entre elles et partent des quais qui bordent la rivière et l'arroyo chinois; elles sont coupées à angle droit par d'autres rues qui traversent la ville et par de nombreux boulevards aboutissant à des squares où se trouvent les bustes ou les statues des amiraux dont le nom est intimement lié à la conquête ou à la grandeur de la colonie.

Pour donner de l'ombre aux piétons, on a eu la bonne inspiration de planter une double rangée d'arbres dans toutes les rues et sur tous les boulevards. C'est principalement au *tamarinier*, au *badamier* et au *teck* aux larges feuilles qu'on s'est adressé pour remplir cet office. Intelligente sollicitude qu'on ne saurait trop louer dans un pays où le soleil est si brûlant et si dangereux !

Suivons, pour procéder avec ordre, un itinéraire qui nous conduira aux principaux points intéressants à visiter.

Partant de l'extrémité de l'arroyo chinois qui débouche dans la rivière de Saigon, nous traversons d'abord le boulevard de Canton où se trouvent les maisons des riches commerçants chinois, maisons basses

2*

ayant tout au plus un étage et construites généralement en bois dans le style particulier à cette
nation. Nous traversons ensuite un pont placé sur
le grand canal, qui s'enfonce de 2 à 300 mètres
environ dans la ville, à droite et à gauche duquel sont
les quais Charner et Rigault de Genouilly. C'est sur
ce dernier quai qu'a été bâti le *Marché* ou *Bazard*.
Il occupe un espace considérable et se divise en
quatre grands compartiments couverts : l'un est destiné aux poissons, l'autre aux fruits et aux légumes,
le troisième à la volaille et à la viande de boucherie, et le quatrième à un grand nombre de
petites industries, entre autres à celles des restaurateurs populaires. Le Bazard est fréquenté par une
foule compacte de Chinois et d'Annamites des deux
sexes qui achètent ou consomment sur place les
denrées à leur convenance. A la halle aux poissons
on trouve, conservés dans des réservoirs remplis
d'eau, des poissons vivants et frétillants ; ceux des
arroyos ont une couleur de vase et une apparence
visqueuse qui les rend peu engageants. Il n'y a guère
que la population annamite qui les consomme; ils
portent, dans la langue du pays, les noms de *ca-ro*,
ca-lac, ca-bong, ca-chiai, ca-gay (goujon), *ca-hop,
ca-tré, ca-tien, luong* (anguille). Les poissons de
mer, pêchés au cap Saint-Jacques en eau profonde,
sont d'un aspect plus appétissant. On y rencontre
des *thons*, des *muges*, des *brêmes et dorades*, des

aloses, anchois, sardines, etc. On y trouve aussi
des *palourdes*, des *bigourneaux*, des *huîtres* excellentes, des *crabes* délicieux, de grosses *crevettes* et
des *langoustes* qui ne le cèdent en rien à celles
d'Europe. Les poissons secs que l'on pêche chaque
année dans les grands lacs du Cambodge occupent
au Bazard une place importante, ils font la base de
la nourriture annamite. C'est là que figure également
le *nuoc-mam* dont j'indiquerai plus loin la composition.

Le marché aux légumes et fruits contient des produits assez variés : *bananes, mangues, mangoustans,
concombres, choux, asperges, salades,* etc. A la boucherie, la viande de porc domine ; elle y est de
bonne qualité et provient d'animaux assez petits à
échine incurvée en dedans et à ventre traînant à
terre, ce qui forme un ensemble assez disgracieux. La
viande de bœuf n'est pas mauvaise , elle vaut 7 à 8
sous la livre ; les œufs coûtent quelques sous la douzaine. Le gibier et la volaille y sont très abondants :
canards, pigeons verts, chapons dodus, *coqs* sauvages,
*paons, pintades, bécassines, cailles, lièvres, san-
gliers...,* on n'a que l'embarras du choix.

La partie la plus curieuse du Bazard est celle qui
est consacrée aux mets et aux restaurateurs chinois.
Il s'y trouve une variété innombrable de victuailles
spéciales consommées par le peuple : le *riz* accom-
modé de toutes les manières, des *pâtes alimentaires,*

de la *mousse du Japon* tremblotante, de grosses et lourdes pâtisseries, des *crèmes* gluantes et verdâtres, des *canards* tapés, des *cochons* de lait ornés de gros piments rouges. Les consommateurs se pressent en foule autour des tables dressées pour les recevoir; ils choisissent parmi dix ou douze mets étalés sous leurs yeux ce qui leur convient le mieux, et ils se font servir dans de petits plats dont ils dégustent le contenu à l'aide de petits bâtonnets qu'ils manœuvrent avec une dextérité remarquable. Un mets que j'ai vu confectionner sous mes yeux et qui m'a paru appétissant, c'est une petite *omelette* à l'intérieur de laquelle le cuisinier plaçait deux ou trois chevrettes, des germes tendres de haricots et deux ou trois autres substances que je n'ai pu reconnaître. Ce qui m'a bien amusé aussi, c'est de voir une vieille femme faire des *crêpes ;* au lieu de se servir d'une poêle, elle mettait sur deux petites fourches en bois un morceau de pâte déjà ferme qu'elle présentait ensuite au-dessus du fourneau. Il me semblait à chaque instant que cette pâte qui, tantôt se boursoufflait et tantôt s'étirait outre mesure, allait s'échapper et tomber au feu ; mais pas du tout, les petits bâtons étaient maniés avec tant d'adresse que le tout se cuisait, se rissolait et prenait un aspect jaune et doré qui faisait envie.

Le soir, les alentours du Bazard sont couverts de tables débordant sur les trottoirs et surmontées de lanternes chinoises. Il se fait là de petites ripailles fort gaies où le peuple annamite, essentiellement porté sur sa bouche, s'en donne à cœur joie. C'est un spectacle bien amusant et auquel j'ai assisté fréquemment. On n'y voit jamais de disputes, on n'y entend que des éclats de rire.

En sortant par la grande porte du Bazard, nous remarquons des changeurs Malabars accroupis sur leurs talons, ayant devant eux des piles de piastres, de roupies et de sapèques. Cette dernière est la monnaie de billon des Annamites ; elle est en zinc percée d'un trou au milieu pour pouvoir l'enfiler. Il en faut 600 pour faire une ligature, laquelle équivaut à 0 fr. 80 c.

Nous continuons notre route par les quais et nous laissons à gauche la belle maison à trois étages construite par un riche chinois nommé Wang-Taï, et occupée actuellement par l'Administration des contributions indirectes, et nous passons devant des ci fés disposés à l'instar des établissements européens de ce genre, où des demoiselles d'une vertu peu farouche, épaves des troupes théâtrales qui fréquentent Saigon, versent à des gosiers toujours altérés des flots de bière et de vermouth. Vis-à-vis se trouvent les appontements des Messageries fluviales qui possèdent une flottille de vapeurs de toutes dimensions, parfaitement installés pour les pays chauds et destinés au transport des passagers et des marchandises au Tonkin, au Cambodge et à tous les postes intermédiaires. En suivant toujours le cours du fleuve, on rencontre la *Direction du port* vis-à-vis de laquelle est mouillé un vieux vaisseau démâté, le *Tilsit*, qui sert de ponton et de caserne aux matelots ; puis viennent la *Manutention*, le *Parc d'artillerie* et l'*Arsenal* avec son dock flottant, où se font les réparations des navires à vapeur et les constructions de petites chaloupes. Cet établissement, qui occupe 22 hectares de superficie, n'a point, pour le moment, le développement et l'importance qu'il pourrait avoir. On devra nécessairement y creuser des bassins de radoub et le munir de tout l'outillage indispensable aux réparations et à l'entretien d'une flotte puissante.

Les derniers événements du Tonkin obligeront sans doute le Gouvernement de la mère-patrie à réaliser d'ici peu ce projet depuis si longtemps mis à l'étude.

En remontant le boulevard de la Citadelle, on longe l'établissement de la *Sainte-Enfance* qui recueille les petits orphelins et les enfants abandonnés par leurs parents ; le *collège d'Adran*, tenu par des frères de la doctrine chrétienne ; le *Séminaire*, dirigé par les prêtres des Missions étrangères ; le *Couvent des Carmélites* occupé par d'infortunées religieuses qui sont venues chercher, sous ce climat meurtrier, une aggravation à leur discipline déjà si dure ; enfin le *Jardin zoologique* qui fait face à l'arroyo de l'Avalanche. Cet admirable jardin, où l'on a réuni les végétaux utiles de la Basse-Cochinchine et des pays avoisinants, ainsi que les principaux spécimens vivants de la faune de la colonie, a été créé et organisé par un créole de la Réunion, M. Pierre, doué d'un zèle et d'un dévouement à la science qui ne se sont jamais démentis. Tout ce que l'art et le bon goût peuvent enfanter avec des ressources limitées a été réuni dans ce jardin qui devient, sur la semaine, le rendez-vous de la bonne compagnie. On voit, dans d'élégantes volières, la plupart des oiseaux de la Cochinchine, tels que grues, marabouts, paons, urubus, éperonniers, argus, poules sultanes, etc.; à côté se trouve le palais des singes qui renferme un jeune chimpanzé d'une ressemblance effrayante avec la figure humaine ; plus loin des cages où vivent des tigres superbes, des jaguars, des ours, des serpents. Dans des parcs circulent en liberté des cerfs et des biches. Sur des lacs en miniature nagent des pélicans et autres oiseaux aquatiques. Du côté de l'Avalanche on a ménagé une large coupée qui permet d'embrasser une grande étendue de cette jolie rivière, couverte de ponts chinois et sillonnée de jonques et de sampangs.

En sortant du jardin, nous laissons à notre droite les *Magasins généraux* de la marine et nous arri-

vons, par la rue Thabert, à la *Citadelle ;* elle
a la forme d'un carré dont chaque angle est terminé par un pentagone. Ses parapets sont en terre
et entourés d'un fossé assez large, sans eau. C'est,
en somme, une forteresse assez peu redoutable.
Elle a été construite en 1799 par des officiers
français, sous le règne de l'empereur Gialong. Dans
cette enceinte fortifiée on a bâti une magnifique
caserne tout en fer et en briques où le soldat trouve
le confortable et les conditions hygiéniques si
nécessaires aux Européens dans ces régions chaudes
et humides. Il y est supérieurement logé et, de
plus, admirablement nourri. Il faut adresser au génie
militaire les justes éloges qu'il mérite pour avoir si
bien compris une telle construction et pour l'avoir
adaptée aux besoins du climat.

La rue Thabert nous conduit également à l'*Hôpital
militaire,* bien digne lui aussi de l'admiration des
étrangers. Il frappe les regards par ses belles proportions et la parfaite intelligence qui a présidé à la distri-
bution de toutes les parties qui en composent l'ensemble. Encore un éloge à faire aux officiers du
génie. On s'est inspiré principalement, dans la
disposition de cet édifice, du système si avantageux des pavillons séparés. De même que pour la
caserne, le fer et la brique ont été les seuls maté-
riaux employés à bâtir l'hôpital, qui s'étend sur
un vaste espace et comprend toutes les améliora-

tions que l'on est habitué à rencontrer dans les établissements similaires les mieux tenus et les plus largement dotés de la mère-patrie. On n'a rien négligé pour que nos soldats et nos marins se trouvent dans les meilleures conditions possibles pour revenir à la santé.

Je fis une longue visite aux sœurs de l'hôpital, avec lesquelles j'étais destiné à vivre pendant plusieurs années. Je trouvai, dans le parloir qui leur sert de salon, la supérieure, la sœur Benjamin, qui ne semblait pas se ressentir des fatigues de ses 20 années de Cochinchine, et cinq ou six autres sœurs qui m'accueillirent avec une affabilité et une bonté toute maternelle. J'en étais ému jusqu'aux larmes ; il me semblait que je retrouvais une famille. Quand la maladie vous atteint, ce qui arrive si souvent dans nos colonies malsaines, et particulièrement en Cochinchine, on est assuré de toujours rencontrer chez ces excellentes créatures, non seulement des soins délicats et assidus, mais encore des consolations comme les femmes savent seules en donner. Qu'il me soit permis de dire surtout de la sœur Germaine, celle qui avait dans ses attributions la salle des officiers malades, tout le bien que j'en pense ! C'était la providence et la bonne fée de ceux qui entraient à l'hôpital militaire. Jamais la religion chrétienne n'a su rendre une femme plus accomplie.

Sa figure, d'une douceur angélique, son inépuisable bonté, en ont fait une sorte de type populaire en Cochinchine. Son nom n'est prononcé qu'avec respect et attendrissement par les nombreuxs officiers qui ont reçu ses soins, et pas un de se anciens malades ne repasserait à Saigon sans aller visiter cette sainte femme et lui porter un petit souvenir.

J'allai voir également le père Thinselin, aumônier de l'hôpital, qui m'apparut avec la taille d'un cuirassier et la barbe d'un sapeur. Ce colosse avait, avec cela, une physionomie d'une douceur enfantine. C'était l'ami de ses malades et de tous ceux qui fréquentaient l'hôpital.

En quittant l'hôpital, nous tombons sur le *Boulevard Noroddon,* vaste voie très animée où règne une active circulation. C'est là que sont situés l'*Hôtel du Général,* le *Cercle des Officiers,* la *Cathédrale* et, tout-à-fait à l'extrémité, le *Palais du Gouverneur.*

Le cercle des Officiers est un grand bâtiment à un étage dû à la munificence d'un Gouverneur, qui l'a fait construire dans le but d'en faire un lieu de réunion pour les officiers de toutes armes. Le rez-de-chaussée est consacré aux mess des officiers d'infanterie de marine. A l'étage supérieur on a installé une bibliothèque, une salle de lecture, une salle de billard et une buvette. L'abonnement est d'une piastre par mois.

Tout près du cercle se trouve un kiosque assez laid où joue la musique militaire deux fois par semaine. Ces jours-là tout le Saigon élégant se transporte sur ce boulevard, dans ses équipages ; on se promène, on cause, on rit. On se croirait vraiment dans une de ces villes de France où la musique militaire attire la foule et les désœuvrés.

La Cathédrale, dont la face est tournée vers la rue Catinat, n'est point, tant s'en faut, un joli monument. Bâtie tout en briques, sa grosse masse assise sur des soubassements de granit, elle rappelle ces lourdes pâtisseries qu'on désigne vulgairement sous le nom de *pâtés*. Cet édifice prétentieux et laid a coûté plusieurs millions à la colonie. Extérieurement il a la forme d'un long rectangle terminé par deux tours carrées et un portail. Intérieurement, la nef est vaste et chaude, l'air n'y pénètre pas ; on dirait qu'on entre sous une cloche à plongeur. Au lieu de faire une église légère, élégante, à double galerie, pour permettre à l'air d'y circuler librement, on a édifié une grosse bâtisse, sans goût, sans style, trop vaste pour le petit nombre de fidèles qui la fréquentent. On a voulu frapper l'imagination des Annamites par le spectacle grandiose et imposant d'un édifice religieux élevé au Dieu des chrétiens ; je ne sais si l'on y a réussi. Mais, à mon avis, c'est une église manquée.

Le palais du Gouvernement est, au contraire, un

monument digne de la capitale de notre futur empire colonial de l'Extrême-Orient. Il frappe les regards par la pureté et la sobriété de ses lignes en même temps que par les belles proportions de sa masse architecturale. Il rappelle tout à fait les palais de Florence avec leurs blanches colonnades. Situé au fond d'un magnifique parc, dont la sombre verdure fait ressortir la blancheur marmoréenne de sa façade, le palais s'aperçoit de très loin. Les deux pièces les plus remarquables sont le vestibule et la salle des fêtes qui ne sont inférieures pour la richesse et l'ornementation à aucune de celles que l'on admire dans nos palais parisiens les plus renommés. Le vestibule auquel on accède par un escalier monumental en marbre est de forme circulaire, orné à profusion de fleurs et de végétaux des tropiques. La salle des fêtes, qui peut contenir jusqu'à 800 personnes, a un aspect grandiose. Son riche plafond, composé de caissons à moulures dorées, est soutenu par des colonnes du plus beau style ; de chaque côté se trouvent des galeries qui permettent à l'air de circuler partout, et à l'extrémité on a ménagé une rotonde à balcon qui surplombe le parc. Lorsque la salle est éclairée et ornée, pour un jour de réception ou un grand bal, on ne peut rien voir de plus magnifique et de plus imposant.

Derrière le palais existe un parc immense taillé

en pleine forêt vierge et très fréquenté le dimanche par toute la ville de Saigon au moment de la musique. C'est le bois de Boulogne des Saigonnais. Les équipages y sont si nombreux de 5 à 6 heures qu'ils sont obligés de prendre la file sur deux rangs et d'aller au pas. C'est le rendez-vous de toute la belle société ; on y fait assaut de toilette et d'élégance. Les jolies Congaïs, en riches vêtements de soie, ne dédaignent point de s'y produire. On ne peut se faire une idée de la foule qui se rend à ce jardin le dimanche. Cette promenade est tout à fait passée dans les habitudes de la population.

En sortant des jardins du Gouvernement nous revenons par la rue Chasseloup-Laubat où est situé le collège de ce nom. Cette institution reçoit les jeunes Annamites de bonne famille auxquels on apprend le français et les éléments de nos sciences et de nos arts. On les destine principalement à la carrière d'interprètes. Il existe en outre, dans la rue d'Espagne, un collège laïque pour les enfants des Européens, et dans la rue Nationale une école tenue par le curé de Saigon où l'on élève les indigènes et les métis d'Européens.

Terminons maintenant notre voyage d'exploration à travers la ville en descendant par la rue *Catinat,* la plus passante et la plus mouvementée de Saigon. C'est dans cette rue que se trouvent la plupart des établissements publics : le *Trésor,* les *Postes et*

3

Télégraphes, la *Direction de l'Intérieur* et le *logement du Directeur,* ces deux derniers monuments sont de véritables palais. Plus bas, on rencontre l'*hôtel Favre,* dont j'ai déjà parlé, l'*Hôtel-de-Ville* qui n'a aucun cachet particulier, le *Théâtre,* puis des cafés, de riches magasins chinois et européens, des cercles, etc. Elle est remplie de voitures, d'équipages de maître, de cavaliers annamites, de piétons chinois et indigènes qui circulent en foule du matin au soir et produisent une grande animation. La rue Nationale, qui fait suite à la rue Thabert et au boulevard Noroddon, est également pleine de bruit et de mouvement. Les autres quartiers de la ville n'ont rien qui mérite d'arrêter l'attention.

Les maisons des particuliers sont à peu près toutes construites sur le modèle de celles de Bourbon, soit en briques, soit en bois. Elles n'ont guère plus d'un étage et sont généralement composées d'un corps de logis principal entre cour et jardin, ornées d'une vérandah par devant et par derrière. Enfouies au milieu d'un massif de verdure, elles ont un aspect gracieux et coquet; les pièces intérieures sont vastes et bien aérées. Vers le bas de la ville on trouve beaucoup de maisons en pierres construites à l'européenne, qui servent de magasins et de logements aux négociants.

Le système d'égouts de la ville ne laisse rien à désirer; il est si complet et si bien conçu qu'après les avalasses succédant aux orages si fréquents du mois de juin, qui versent sur le sol des torrents d'eau, il n'y paraît plus rien au bout de quelques heures. Le service d'eau dans les maisons et au coin des rues, où sont placées des bornes fontaines, est assuré par un château d'eau en forme de tour élégante que l'on a édifiée dans le haut de la rue Catinat. Une puissante machine à vapeur prend l'eau dans un immense réservoir souterrain, où viennent se réunir les sources d'une nappe abondante filtrant à travers les sables de la plaine des Tombeaux, et l'élève au sommet de la tour ; de là elle se répand dans les différents quartiers de la ville.

En dehors des boulevards, des jardins publics, des squares et des parcs dont j'ai déjà parlé, il existe encore, dans les environs de la ville, de charmantes promenades très fréquentées le soir, après le coucher du soleil, par les citadins : c'est la *promenade de l'Inspection,* du *Goviap* et *la route de Cholen.* La promenade de l'Inspection fait le tour de la ville. Elle vous conduit, par une route large et bien entretenue, bordée d'arbres, de jolies habitations, de campagnes cultivées au poste de l'*Inspection* de Bin-Hoà, résidence d'un inspecteur des affaires indigènes et centre de population très important. Rien de gracieux comme cette petite localité qui rappelle tout à fait un village européen, propre et

bien entretenu. C'est une halte pour les voitures.
On reprend ensuite sa course et l'on traverse des
villages, des rizières, des ponts jetés sur des arroyos.
Cette route est, à partir de 5 heures du soir
jusqu'a 10 heures dans la belle saison, encombrée
de voitures de maître ou de louage, qui se croisent
et entraînent d'un pas mesuré les promeneurs paresseusement étendus et jouissant avec béatitude de
l'air frais que fait naître le mouvement de la
voiture.

Un peu plus loin se trouve le *Tombeau de l'évêque
d'Adran*, M. Pigneaux de Behaine, mort en 1779,
situé dans un endroit très pittoresque. Cet évêque,
qui joua un rôle prépondérant au siècle dernier sous
le règne de Gia-Long, a été enterré là par les
soins de son royal ami qui, après lui avoir fait des
funérailles magnifiques, lui a élevé un monument
aussi beau que le comportait l'art annamite.

La route du Goviap, qui pénètre à travers la
région la mieux cultivée et la plus riche des environs
de la ville, est encore une promenade très fréquentée.
C'est là qu'on peut admirer ces petites habitations
annamites de la superficie d'un hectare tout au
plus cultivées en tabac, maïs, cannes à sucre et
entourées d'arbres de tous côtés. On se croirait en
France au milieu de nos campagnes morcelées
et si bien soignées par nos paysans.

Les deux routes qui conduisent à Cholon, distant

de 5 à 6 kilomètres de Saigon, sont également un
but de promenade pour les voitures. La première,
à laquelle on accède par le haut de la ville, est la
route stratégique; elle est large, commode et des
plus attrayantes. De ce côté encore la campagne
est magnifique et bien cultivée ; des Annamites
de classe élevée habitent de jolis petits domaines
où la maison disparaît au milieu d'un fouillis de
manguiers, de bananiers, d'aréquiers. A peu de
distance de la ville, se trouve une ferme modèle,
la ferme des Mares, où l'on fait des essais de
culture de cannes, d'indigo, de caféiers qui, jusqu'à
ce jour, n'ont point donné des résultats pratiques
très brillants.

La seconde route de Cholen longe l'arroyo chinois
dans toute sa longueur; elle traverse de gros villages
annamites où grouille une population très dense et
conduit à l'hôpital indigène de Choquan qui reçoit
les Annamites et les Chinois de la classe pauvre.

Ceux qui n'ont point de voiture et qui veulent se
rendre à Cholen en 20 minutes n'ont qu'à prendre
le tramway à vapeur qui part du bas de l'arroyo
chinois ou bien le chemin de fer construit tout
nouvellement et qui va maintenant jusqu'à Mytho.

Après avoir visité la ville de Saigon dans tous ses
détails, je me fis conduire à Cholen, ville de 50,000
âmes, exclusivement habitée par des Chinois et des
Annamites. C'est la cité la plus commerçante de

toute la Cochinchine, le grand marché des riz, des soies et des thés. J'y arrivai un jour de grande fête ; à 9 heures, en effet, je vis avancer du côté de l'Inspection, où j'avais reçu l'hospitalité, une procession précédée de musiciens frappant à coups redoublés sur des tamtams, choquant de larges cymbales l'une contre l'autre et soufflant dans des flûtes affreusement nazillardes. C'était une musique abominable, sans accord, sans rythme, sans thème musical. On n'entendait que du bruit et des sons faux et perçants. Après l'orchestre venaient des petites filles de 6 à 7 ans ornées de costumes magnifiques, la figure fardée grossièrement, montées sur des haquenées richement caparaçonnées et conduites à la main par des pages aux costumes bizarres et voyants. D'autres fillettes étaient dans des chars, groupées quatre par quatre devant des tables chargées de mets ou occupées à différents petits travaux manuels. Puis marchaient des gardes portant à la main des armes fantastiques et très brillamment costumés ; d'autres tenaient des oriflammes, des parasols et de gigantesques éventails. On voyait ensuite des pénitents, le collège des Bonzes en robe jaune, des lettrés, des vieillards vénérables en lunettes, puis le cortège du dragon, le grand Prêtre entouré de ses lévites. Le défilé a bien duré une demi-heure. Pour clore dignement la cérémonie l'on a fait partir des pétards avec cette profusion que mettent les Chinois dans toutes leurs fêtes. C'était vraiment fort original, mais il aurait fallu avoir à côté de soi un interprète pour vous donner la signification de cette procession qui, pour nous, ressemblait plutôt à une mascarade qu'à une fête religieuse.

La ville de Cholen a tout à fait le cachet d'une cité chinoise ; elle est exclusivement consacrée au commerce et les rues qui avoisinent l'arroyo chinois, couvert de nombreux ponts très élevés, sont remplies de magasins où l'on vend tous les genres de denrées spéciales à la consommation annamite et chinoise. De gros négociants du céleste Empire, le buste nu, le ventre bien rebondi, le nez orné de larges besicles, sont assis devant leurs comptoirs et s'occupent de leurs affaires ; des comptables font mouvoir de leurs doigts agiles les boules enfilées dans une tige de fer horizontale, à l'aide desquelles ils exécutent les calculs les plus compliqués. On voit à travers une porte entrebaillée un grave pédagogue chinois faisant l'école à une bande de gamins espiègles qui font mille efforts pour paraître attentifs aux leçons de leur professeur. Le long de l'arroyo j'aperçois de grandes usines à décortiquer le riz, appartenant à des Français associés à des Chinois.

J'entre un instant au Bazard, où se vendent les produits les plus variés, depuis le poisson, le riz, jusqu'à des vêtements, chaussures, livres, miroirs, étoffes de tous genres. Une pagode chinoise ouverte au public et où s'engouffrait une foule compacte et serrée attira surtout ma curiosité. Dans une vaste salle servant de vestibule, je vis des marchands de gâteaux et de sucreries achalandés par de nombreux clients qui s'empiffraient à pleine bouche. Le plafond était orné d'une multitude de lanternes en clinquant du plus mauvais goût ; était-ce des ex-voto ou simplement des luminaires destinés le soir à éclairer brillamment la fête ? De cette salle bruyante et encombrée par une populace d'une gaieté peu en rapport avec le respect dû à un lieu consacré au culte, je passai dans le sanctuaire du temple. A l'entrée se trouvait le cheval de Boudha ressemblant à un inoffensif quadrupède ne rappelant en rien par son attitude le rôle divin qu'il joue dans la religion chinoise. Le fond est occupé par un autel orné de statues, de flambeaux, de vases sacrés. Un prêtre me regarde d'un air bonhomme et ne paraît point scandalisé des sourires un peu railleurs que m'inspire la vue du gros Boudha ventru trônant au milieu des dieux subalternes qui l'entourent. Une bonne vieille femme agenouillée sur la marche de l'autel fait brûler une allumette sacrée devant l'image de son dieu et, moyennant une offrande faite au prêtre, celui-ci tourne le fameux *moulin à prières* qui va se charger de porter aux pieds de la divinité les vœux de la croyante. C'est simple et peu compliqué ! La foule, du reste, semble se complaire davantage dans la première enceinte que dans ce sanctuaire, car de rares dévôts y apparaissent d'un air distrait et s'empressent de retourner à la fête bruyante qui se passe à côté.

Une voiture me conduit, dans l'après-midi, à la fabrique de *céramique* de *Caï-Maï*, située à côté d'un blokaus du même nom, occupé par une compagnie d'infanterie de marine. On traverse pour y arriver une terre aride remplie de tumulus et de tombes annamites ressemblant à des sphinx sans tête. Une odeur cadavérique provenant d'une tombe fraîchement remuée me saisit péniblement l'odorat ; les Annamites ont, en effet, la mauvaise habitude d'ensevelir leurs morts à très peu de profondeur, en sorte que les émanations putrides se répandent facilement dans les environs, au grand préjudice de la santé publique.

La fabrique de vases et ustensiles de ménage de Caï-Maï est constituée par un long hangar très bas, couvert de roseaux et par un four grossier en briques, en forme de boyau horizontal. Des ouvriers chinois travaillent artistement la glaise que l'on puise à même dans le sol et lui donnent toutes les formes que leur suggère leur imagination ou les besoins de leur clientèle. En général, ce sont des objets assez frustes et assez grossiers qui sortent de leur fabrique ; cependant quelques-uns d'entre eux, doués d'une habileté de main plus grande, composent des groupes de personnages, des assiettes et des vases ornés de crabes, de poissons divers qui ne manquent pas de cachet. Ce qui faisait mon étonnement, c'était de voir qu'avec des moyens aussi rudimentaires, ils parvenaient à fabriquer des objets relativement finis. En levant la tête, je vis de petites couchettes modestes servant de lits aux ouvriers de la fabrique. Rien ne peut donner une idée du peu d'exigence de l'ouvrier chinois. Il travaille beaucoup, ne se plaint jamais, se contente du stricte nécessaire en fait de vêtement, de nourriture et de logement, économise sur tout et paraît toujours gai et content. Quelle différence avec l'ouvrier de nos grandes villes, si exigeant et si peu consciencieux en général ! Il semble que les Chinois, que nous traitons pourtant de barbares et de vieux peuple corrompu, aient depuis longtemps résolu le problème social que nous poursuivons en vain depuis tant d'années. Quand nous connaîtrons mieux les mœurs et les habitudes de ce peuple, nous pourrons, sans aucun doute, prendre de lui des leçons de sagesse, de modération et d'organisation sociale.

Je revins à Saïgon en voiture par la route de Choquan. Tout autour de Cholon, je fus agréablement surpris en apercevant de merveilleux jardins maraîchers cultivés avec le talent et le savoir-faire que déploient les jardiniers chinois en horticulture.

Habitués, depuis un temps immémorial, à fumer leurs terres avec l'engrais humain, ils emploient les produits de vidanges de Saigon et de Cholen, dont ils ont la ferme, à faire pousser de savoureux légumes, tels que salades, choux, asperges, etc.; ils en approvisionnent largement le marché de Saigon. Il est vrai que cet arrosage peu aromatique a, dit-on, le grave inconvénient de propager le *tœnia*, dont les œufs sont ainsi répandus sur les légumes que nous mangeons.

Je m'arrête un instant à Choquan pour serrer la main du médecin de la marine, qui dirige l'hôpital indigène, et je rentre le soir à Saigon, enchanté de mon voyage et de tout ce que j'y ai vu d'intéressant.

A quelque temps de là, je fus désigné par le Gouverneur pour me rendre dans les diverses provinces, comme délégué d'une Commission instituée à l'effet d'étudier le régime et l'hygiène des prisons de la Cochinchine. On était alors en pleine épidémie de choléra ; la plupart des prisons étaient particulièrement atteintes par le fléau. J'avais la mission de les visiter en détail et de proposer les améliorations qui me paraîtraient nécessaires, tant au point de vue de la salubrité des établissements pénitentiaires que de leur disposition. C'était une excellente occasion pour moi de faire connaissance avec l'intérieur de ce beau pays. Je fus donc très heureux de cette mission et je me préparai immédiatement à l'accomplir dans les meilleurs conditions possibles.

J'étais accompagné par un membre de la Commission, M. N..., inspecteur principal des affaires indigènes, homme des plus aimables, fort instruit, d'une intelligence hors ligne, connaissant les moindres coins et recoins de la Cochinchine, qu'il habitait depuis plus de quinze ans, et intimement lié avec les administrateurs et personnages divers avec lesquels nous devions nous trouver en contact.

Le jour de notre départ, nous nous rendîmes à dix heures du soir à bord du *Mouhot,* vapeur de 200 tonneaux, faisant partie de la flotte de la compagnie des Messageries fluviales. Le *Mouhot* est très bien emménagé et parfaitement disposé pour le climat de la Cochinchine. Son pont est composé de deux étages superposés, ouverts à tous les vents et permettant à l'air de circuler librement. Au premier étage se trouvent les logements des officiers du bord, et au second les cabines de 1re et de 2e classe et la salle à manger qui ressemble à celle de nos grands paquebots. Ces bateaux sont construits spécialement pour la navigation en rivière ; ils calent fort peu d'eau et passent par tous les arroyos ; leur machine n'est pas très puissante, mais elle suffit pour donner au navire une vitesse moyenne de 6 à 7 nœuds. En dehors de ces petits bateaux, les Messageries en possèdent un autre d'un tonnage plus élevé, le *Noroddon,* qui fait les voyages du Cambodge. C'est un fort joli paquebot, que nous eûmes occasion de prendre un peu plus tard, pour nous rendre de Mytho à Chaudoc, à la limite du Cambodge.

Nous passâmes la première partie de la nuit à causer, étendus dans de grands fauteuils en rotin renversés en arrière, jouissant de la fraîcheur délicieuse que nous donnait la vitesse du navire. Le ciel était d'une pureté parfaite, les étoiles brillaient avec un éclat incomparable, les rives du fleuve, bordées de cocotiers et d'aréquiers dont les grandes ombres flexibles se détachaient nettement au-dessus des sombres rizières, fuyaient devant nos yeux ravis de contempler un pareil spectacle. Sur le pont un grand nombre de passagers chinois et annamites des deux sexes dormaient enroulés dans leur couverture, la tête appuyée sur une espèce de billot en matière dure et résistante qui leur sert d'oreiller.

A 7 heures du matin, nous quittons la rivière de Saigon pour entrer dans le Donaï, que nous laissons bientôt pour le canal Duperré, le Rach-Kahon, qui lui fait suite et qui nous conduit dans le grand fleuve du Mékong, sur la rive droite duquel nous apercevons Mytho où nous arrivons à 7 heures du matin. Avec le *Noroddon,* nous aurions été obligés de descendre entièrement la rivière de Saïgon jusqu'à la mer, afin d'aller chercher une des bouches du Mékong qui s'ouvrent sur un delta vaseux, dont l'attérissage est assez difficile à cause des bas-fonds dont il est couvert.

Nous fûmes reçus avec la plus grande cordialité par M. Sandret, administrateur de la province, petit homme ventru, à l'air tout-à-fait bon enfant. Il nous offrit l'hospitalité dans le vaste et magnifique logement qu'il occupe à peu de distance du fleuve, au milieu d'un beau jardin planté de grands arbres à robuste végétation. On nous offrit deux fort belles chambres au 1er étage, et on mit à notre disposition des boys annamites pour nous servir. Après un excellent déjeuner, suivi d'une longue sieste, qui nous était d'autant plus nécessaire que nous avions peu dormi pendant la nuit, M. Sandret nous prêta sa voiture pour visiter la ville et ses environs.

Mytho, la troisième ville de Cochinchine, comme position stratégique et importance commerciale, n'a qu'une seule rue qui longe l'arroyo de la poste, où se trouvent les boutiques et se concentre le mouvement de la cité. Tout à l'extrémité et dominant la ville, on aperçoit la citadelle entourée de remparts tout neufs et renfermant de magnifiques casernes sur le modèle de celles de Saïgon. Dans la partie opposée se trouvent le tribunal, la prison occupant un vieux bâtiment très sombre et très humide, puis les postes et télégraphes. En dehors de cet espace bâti et relativement propre, qui représente une langue de terre très étroite, le reste de la ville se compose de cloaques vaseux et malpropres où sont établies les cases misérables de la population annamite. Ces gens-là barbotent dans la fange sans se douter le moins du monde qu'on puisse vivre autrement. Il se passera bien du temps avant qu'on puisse faire changer les habitudes de ce peuple et lui apprendre la plus vulgaire propreté. La petite promenade que nous fîmes ensuite sur la grande route de l'arrondissement, en assez triste état du reste comme entretien, nous confirma dans l'idée que Mytho se trouvait dans de déplorables conditions hygiéniques. La campagne n'est constituée que par des rizières, du milieu desquelles émergent, pour égayer un peu le paysage, des cocotiers et des aréquiers. Aussi, Mytho ne passe point pour une localité salubre ; il y règne beaucoup de mauvaises fièvres pendant la saison la plus chaude et l'épidémie de choléra y fut particulièrement meurtrière.

A dîner, l'Administrateur avait invité le ban et l'arrière-ban des gros-bonnets de l'endroit : le président du tribunal, le capitaine commandant la citadelle, le médecin de 1re classe de la marine. Le repas fut très gai et la chère des plus délicates ; c'était la saison des mangoustans, ces excellents fruits de l'Indo-Chine, dont je n'avais mangé que

quelques rares spécimens à Bourbon. Cueilli et
mûri à point, le mangoustan est un fruit exquis ;
gros comme une pomme environ, il est composé
d'une écorce rouge vineuse d'une astringence désagréable. Cette écorce une fois enlevée, on aperçoit
à l'intérieur des gousses d'une blancheur de neige
qui se détachent sur le fond pourpre de l'épicarpe.
On les déguste à la cuillère comme une crème ; la
pulpe est sucrée, légèrement acidulé ; d'un goût
parfait. On peut en manger une demi-douzaine sans
inconvénient et sans se charger l'estomac. C'est le
meilleur fruit de la Cochinchine qui n'est point aussi
bien partagée que nos autres colonies sous ce rapport.
Les mangues y sont fort médiocres, le litchi ne vaut
point celui de Bourbon ; la pomme Cannelle fait
cependant exception, elle y est aussi succulente
qu'aux Antilles.

A 10 heures, nous gagnâmes nos chambres pour
prendre un repos dont nous avions grand besoin.
Le lendemain, matin à 4 heures 1/2, nous étions
debout et nous partions pour Bentré sur une chaloupe à vapeur qui nous avait été envoyée par
l'Administrateur de cette province. Ces petits bateaux
possèdent un vaste rouffle garni de deux couchettes
fort propres et sont conduites par un patron et des
matelots annamites très habitués à la navigation du
fleuve et de ses arroyos ; ils s'acquittent de leur
service avec une ponctualité et un soin remarquables.

Pendant que nous remontions le majestueux Mékong, roulant ses eaux limoneuses et fertilisantes le long de berges couvertes de beaux arbres, qui cachaient à nos yeux la monotomie des rizières, mon compagnon de route, doué d'une verve intarissable, me mettait au courant de la situation des administrateurs de province et du rôle qu'ils jouent en Cochinchine. Bien que M. Le Myre de Villers ait rogné non seulement les appointements des administrateurs, mais ait, de plus, diminué beaucoup de leurs prérogatives, ceux-ci, néanmoins, sont de véritables petits satrapes, logés comme des princes, ayant en mains des pouvoirs considérables et possédant encore de beaux émoluements, 14 à 15,000 fr. en moyenne, sans compter l'équivalent du 5º de leurs appointements que la colonie leur place dans une caisse de réserve et qu'ils peuvent retirer tous les 6 ou 12 ans. Il est vrai que cette mesure est appliquée à tous les fonctionnaires civils de la Cochinchine, mais la réserve est d'autant plus forte qu'elle provient d'appointements plus élevés. S'ils ont la chance de vivre longtemps avec de beaux appointements, ils se retirent alors avec un capital important. Autrefois, les avantages pécuniaires qu'on leur faisaient étaient bien plus beaux et la somme qu'on leur plaçait en réserve annuellement n'était pas inférieure à 4,000 fr.

Avant l'arrivée de M. Le Myre de Villers, ils

avaient dans leurs attributions les fonctions judiciaires, ce qui leur donnait une puissance redoutable sur les indigènes. On a organisé depuis, dans
chaque province, un tribunal qui juge les crimes et
délits selon les formes accoutumées en France. On
a remplacé un inconvénient par un autre ; en effet,
si les administrateurs rendaient autrefois la justice
d'une façon un peu arbitraire, elle était prompte et
en rapport avec les mœurs annamites. Aujourd'hui,
les procès et les affaires judiciaires durent des temps
infinis, les inculpés font de longs mois de prison
préventive et les affaires criminelles ne sont jugées
qu'à certaines époques de l'année par des conseillers
à la cour en tournée dans les différentes provinces.
Nul doute que si l'on consultait les Annamites, ils
ne préférassent l'ancien état de choses ! J'ai vu de
près les débuts de cette nouvelle organisation judi-
ciaire, qui pèche par bien des côtés. Elle gagnerait
à être simplifiée. Mais ce qui laissait le plus à désirer,
c'était le personnel envoyé dans les provinces, lequel
était, en majeure partie, composé de jeunes licenciés
en droit, fort instruits, pleins de bonne volonté,
mais n'ayant pas encore l'habitude de leur profession
et ignorant pour la plupart la langue et les habitudes de leurs justiciables. Plus tard, sans doute,
cet inconvénient s'atténuera, car l'état de choses
actuel nuirait considérablement au respect et à la
confiance que la magistrature française doit inspirer

aux Annamites et au prestige de cette honorable compagnie.

Pendant que nous bavardons, la chaloupe à vapeur a fait du chemin ; nous avons contourné l'île Phutac, redescendu le Mékong, que nous abandonnons bientôt pour entrer dans un arroyo sur la rive duquel est situé *Bentré*. Nous fûmes accueillis en amis, à notre débarquement, par M. d'Albarel, administrateur de la province, capitaine d'infanterie hors cadre. Après avoir déjeûné et visité la ville, qui a beaucoup moins d'importance que Mytho et s'étend comme cette dernière, toute en longueur, sur une bande de sable qu'on désigne sous le nom de *iung*, dans le pays, M. d'Albarel nous proposa de nous faire visiter, dans l'après-midi, la chrétienté de *Caï-Mong*, dirigée depuis 18 ans par un missionnaire, le père Gerneau. Cette mission est située à trois heures de Bentré, près de l'embouchure du Mékong. La chaloupe à vapeur nous y conduisit. A 5 heures du soir, nous étions arrivés et le père Gerneau, beau vieillard robuste, à barbe de patriarche, entouré de trois ou quatre missionnaires, nous reçut avec une franche cordialité qui nous mit tout de suite à notre aise.

La chrétienté de Caï-Mong est importante et très ancienne, car elle fut fondée il y a au moins 150 ans. Elle est aujourd'hui prospère, grâce à l'excellente administration du père Gerneau. Il a sous sa paternelle direction 2 à 3,000 chrétiens annamites qui cultivent de fertiles rizières et enrichissent la communauté de leur travail. Le père Gerneau y a construit une belle maison à deux étages pour lui et ses compagnons, un couvent où il a élevé une centaine de jeunes filles annamites, dont il a fait des religieuses accomplies, qui vont se fixer dans les villages de la chrétienté pour y instruire les enfants. J'y ai vu une superbe cathédrale, en style gothique, édifiée par les soins et sur les plans du supérieur de la mission. Un grand jardin planté de toutes les espèces d'arbres fruitiers et utiles de la Cochinchine, entoure les bâtiments. Le père Gerneau, qui nous faisait les honneurs de son domaine avec une complaisance inépuisable, nous a conduits vers un orphelinat, contenant une cinquantaine d'enfants qu'il a recueillis et élevés pour l'amour de Dieu. Que de bonnes œuvres il nous a été donné de constater pendant notre courte visite ! La religion chrétienne bien comprise est vraiment digne de respect ! Elle suffit pour transformer de véritables femelles, comme le sont les Annamites de la basse classe, en des êtres à figure douce et intelligente, qui aiment leurs semblables, se dévouent à l'enfance et trouvent dans leur cœur ouvert à tous les sentiments élevés des trésors de pitié et de bonté pour les déshérités et les orphelins. Le père Gerneau, qui apprend le français à ses pensionnaires, a tenu à nous montrer

leurs talents. Les gamins nous ont chanté des cantiques et la chanson si connue : « *Il était un petit
navire.....* » Les sœurs annamites nous ont fait entendre un concert spirituel avec accompagnement
d'orgues dont nous avons été ravis.

Après avoir tout vu, tout admiré, nous nous
sommes dirigés vers la salle à manger où nous avons
pris part au repas le plus gai qui soit resté dans nos
souvenirs ; comme nourriture, il y avait peut-être un
peu trop de viande de porc et le pain mal levé était
lourd comme un pavé ; mais le tout était offert de
si bon cœur que nous passâmes facilement sur ces
légers inconvénients. On nous servit en revanche du
meilleur vin, dit *vin de messe*. Après le dessert, les
missionnaires prirent leurs pipes et enfumèrent cano-
niquement la salle à manger, car tous fument comme
des locomotives, c'est une de leurs plus grandes
distractions. Ces braves gens ont une gaieté saine
et une bonhommie qui m'ont toujours frappé d'étonnement. En effet, les missionnaires vivent de privations constantes ; ils sont aux prises avec la maladie,
la pauvreté, les difficultés de leur mission évangé-
lique, et néamoins ils trouvent le moyen de rester
bons, simples et d'une humeur toujours égale ! Il
faut que le calme du cœur et la paix de la conscience soient bien forts chez eux pour résister aux
causes multiples qui aigrissent en général les autres
hommes, surtout en Cochinchine, et les rendent

durs et égoïstes envers leurs semblables. Je n'ai trouvé que chez les sœurs et les missionnaires cette égalité de caractère jointe à une bonté et à une gaieté inaltérables. Aussi, tout en étant de mon siècle et faisant partie du bataillon si nombreux des indifférents, je me suis néanmoins toujours senti entraîné vers eux par une sympathie dont je n'ai jamais cherché à me défendre. J'ai été témoin du bien qu'ils ne cessent de faire, de leur courage à affronter le climat et les maladies d'une contrée telle que la Cochinchine, et j'ai été, comme tous les gens de cœur, péniblement affecté du traitement immérité qu'on leur a fait subir tout récemment dans la colonie. Ceci demande une explication que je tiens à donner dans tous ses détails, car bien peu de personnes en France sont au courant de cette situation.

Dès le début de la conquête, les missionnaires avaient joui de prérogatives nombreuses et de subsides qui les aidaient à poursuivre leurs bonnes œuvres et leur donnaient, aux yeux des Annamites, une situation convenable et un prestige justifié par leurs mérites personnels, leur dévouement à la France et les services nombreux rendus à la mère-patrie. On leur avait permis d'organiser leurs établissements charitables et leurs chrétientés comme ils l'entendaient. Ils étaient tout à la fois curés des paroisses et chargés de l'enseignement.

Il y a quelques années, on commença à les élimi-
ner peu à peu, eux et les Frères de la doctrine
chrétienne, des nombreuses écoles publiques qu'ils
avaient fondées et qu'ils dirigeaient avec tant de
succès et si peu de dépense ; on les remplaça par
des instituteurs laïques, dont le recrutement laisse
beaucoup à désirer et qui grèvent lourdement le
budget de la colonie. Les choses en étaient là, lorsqu'un conseiller fantaisiste et brouillon, comme on
en rencontre dans toutes nos assemblées politiques,
proposa au Conseil colonial de supprimer le budget
des cultes. Le Gouvernement, il faut lui rendre cette
justice, n'appuya point cette proposition..., mais il
ne la combattit peut-être pas autant qu'il aurait dû
le faire. Il pensait probablement que cette fusée ferait
long feu dans un Conseil composé en majeure partie de fonctionnaires et d'Annamites, et qui générale-
lement s'inspiraient des idées de l'administration. On
passa au vote ; mais, chose imprévue, il se trouva
une majorité pour faire triompher la motion radi-
cale. L'explication cependant en est simple et naturelle. En effet, les cinq membres annamites faisant
partie du Conseil, qui ne compte pas plus de quinze
membres au grand complet (et il l'est rarement)
avaient voté en faveur de la proposition, s'appuyant
sur cette idée assez juste en somme, à leur point de
vue particulier, c'est que, du moment qu'on ne sub-
ventionnait pas leurs bonzes et leur culte, ils n'a-

vaient pas besoin de voter des subventions aux bonzes catholiques, appartenant à une religion qui n'était point la leur. Leurs voix, ajoutées à quelques autres voix dissidentes, firent pencher la balance de leur côté et le tour fut joué à la suprise même de ceux qui avaient attaché le grelot.

En sorte que le Gouvernement, s'étant cru obligé de respecter la décision du Conseil, les pauvres missionnaires et leur évêque se trouvèrent livrés à leurs seules ressources (600 fr. par an pour chacun que leur envoie la maison-mère des missions étrangères). Mais ce fut principalement l'évêque qui eut le plus à se plaindre de cet état de choses. Il tomba dans un dénuement complet, et je sais pertinemment que s'il n'avait pas été nourri par le père Le Méo, le curé de Saïgon, qui lui envoyait chaque jour son déjeuner et son dîner, il eût été réduit à tendre la main aux fidèles.

Pour être juste cependant, il convient de dire que la situation de l'évêque et de ses missionnaires pourrait devenir infiniment meilleure s'ils consentaient à accepter les propositions que le Gouvernement leur a faites à plusieurs reprises. Celui-ci leur a offert de les traiter sur le même pied que le clergé français colonial s'ils voulaient en accepter les charges et se plier aux mêmes obligations. Or, les missionnaires ont jusqu'à présent fait la sourde oreille ; ils veulent rester indépendants de l'Etat et traiter de puissance à puissance avec lui. Je ne sais s'il est au pouvoir des missionnaires de changer les règles de leur compagnie, mais il serait raisonnable de leur part, si la chose est faisable, de céder aux sollicitations du Gouvernement. Autrement la situation actuelle ne peut se dénouer que par la venue, dans la colonie, d'un clergé séculier qui, en échange des avantages honorifiques et des subventions qu'il recevrait, serait dépendant du Gouvernement en une certaine mesure, comme l'est du reste le clergé des autres colonies. Et certes, la Cochinchine perdrait au change, je puis en parler par expérience. Les missionnaires sont éminemment supérieurs par leur éducation, leur tenue, leur instruction, leurs mœurs et l'élévation de leur esprit et de leur caractère aux prêtres du clergé colonial, composé d'éléments un peu mêlés, et qui ne donnent pas toujours à leurs paroissiens l'exemple de toutes les vertus.

En attendant, les missionnaires sont presque tous dans le besoin et ceux de Saïgon principalement ne pourraient vivre s'ils ne recevaient quelques secours de la part d'Européens s'intéressant à leur sort et se cotisant mensuellement. Ceux qui sont à la tête de chrétientés florissantes, dans l'intérieur, vivent dans de meilleures conditions et soutiennent ceux de leurs confrères moins bien partagés. Néanmoins, la situation anormale et particulièrement humiliante qui leur est faite, en général, par l'abandon de toute subven-

3*

tion de la part de la colonie, nuit non seulement à leurs intérêts matériels, ce qui leur serait assez indifférent, mais surtout à la propagation du Christianisme en Cochinchine. Il est évident que les Annamites, qui sont loin d'être des imbéciles, doivent s'étonner de voir le peu d'appui que trouvent les missionnaires auprès du Gouvernement. Ils seront donc moins portés que par le passé à adopter une religion que les Français sont les premiers à traiter avec une superbe indifférence.

Telles sont les difficultés existantes aujourd'hui. Elles sont plutôt le fait de la marche naturelle des choses que du mauvais vouloir des pouvoirs publics. Elles tiennent à des causes qu'il n'est possible de faire disparaître qu'avec un grand esprit de conciliation de part et d'autre.

Cette longue digression sur les missionnaires nous a un peu éloignés de notre voyage, mais j'y reviens. Nous quittâmes la chrétienté fort tard dans la soirée et à minuit nous étions de retour à Bentré, enchantés de notre excursion, dont j'ai conservé un souvenir ineffaçable.

Le lendemain matin, nous revînmes à Mytho pour prendre passage sur le *Noroddon,* qui arrivait de Saigon à destination de Pnom-Penh, avec escales diverses sur sa route. Notre objectif était Vinh-Long où nous devions nous arrêter. Nous n'eûmes que le temps de serrer la main, à Mytho, à M. Sandret et

de prendre passage sur le paquebot. Après avoir
repris notre marche, on sonna le déjeûner qui fut
expédié avec grand appétit, surexcité par l'air vivi-
fiant du fleuve. Nous étions sept passagers à table,
entre autres le Consul allemand de Saigon qui se
rendait avec sa femme au Cambodge, où il allait
surveiller d'importantes plantations d'indigotier. Le
Consul nous parut un homme fort bien élevé, très
instruit, parlant admirablement notre langue. Fixé
depuis longtemps dans la colonie, il y faisait d'excellentes affaires, apportant dans l'édification de sa
fortune un esprit de suite, un labeur acharné et une
constance dans ses efforts dont nous ne sommes pas
toujours capables. A deux heures de l'après-midi,
nous étions à Vinh-Long; nous descendîmes, comme
d'habitude, chez l'administrateur, le capitaine d'infanterie de marine Hector, qui occupe aujourd'hui
d'importantes fonctions à Hué. Nous consacrâmes
l'après-midi à nous reposer et la soirée à nous pro-
mener dans ce petit chef-lieu d'arrondissement qui
représente à peine un gros village de France. En
dehors du logement de l'administrateur et de douze
à quinze maisons de fonctionnaires, tout le reste se
compose de cases chinoises et annamites en assez
piteux état, alignées sur la berge du fleuve, devant
une jolie allée de cocotiers. Nous entrâmes dans la
maison d'école, tenue par un instituteur qui venait
d'arriver de France quinze jours auparavant. Ce

pauvre diable d'aspect chétif et souffreteux, chargé
d'une nombreuse famille qui l'avait accompagné,
avait l'air tout ahuri et désorienté. Ne sachant pas
un mot d'annamite, il était destiné à faire la classe
à de petits bonshommes qui ne le comprendraient
pas. Au bout de six mois ou d'un an tout au plus,
ces instituteurs, recrutés fort au hasard et très à la
légère, tombent malades, dégoûtés de leur isolement
et de leur métier, et la colonie est chargée de
rapatrier à grands frais toute la smala. Comme s'il
n'eût pas été plus sage et plus sensé de conserver,
au moins pour les provinces éloignées, les Frères de
la doctrine chrétienne qui étaient établis dans la
colonie depuis longtemps, qui connaissaient la
langue annamite, coûtaient fort peu et supportaient
parfaitement le climat !

La citadelle de Vinh-Long est toujours dans l'état
où les Annamites l'ont laissée après la conquête ;
elle est entourée d'un fossé à eaux croupissantes et
marécageuses, le logement des troupes y est bas et
humide et, par conséquent, dans de tristes conditions hygiéniques. C'est dans cette citadelle qu'un
brave et fameux général annamite s'ouvrit le ventre,
à l'arrivée des Français à Vinh-Long, pour ne pas
tomber vivant entre leurs mains et n'être pas témoin
du déshonneur de sa patrie. Il y a des gens de cœur
dans tous les pays.

Le soir, après dîner, nous étions tous réunis sur

un petit pont débarcadère où l'on a l'habitude de prendre le frais, en buvant de la bière et faisant la partie, quand mon compagnon de voyage se plaignit de coliques et d'un malaise qui paraissait présenter tous les symptômes du choléra. Je le conduisis à sa chambre où, à peine arrivé, il fut pris de vomissements qui nous inquiétèrent beaucoup. Heureusement ce n'était qu'une forte indigestion causée par un certain plat de haricots au lard dont il ne s'était pas assez défié, surtout en présence de l'épidémie que nous traversions. Cet incident n'eut aucune suite. Du thé et une potion calmante suffirent pour le soulager ; le lendemain il ne lui restait qu'un peu de fatigue.

Nous fûmes invités, ce jour-là, à déjeuner chez les officiers de la citadelle. On nous servit un repas de Gargantua, arrosé de champagne et de vins fins, qui dura presque toute l'après-midi. Au milieu du déjeuner on vint chercher le docteur pour soigner un cholérique qui venait de subir une soudaine attaque. Cela jeta un certain froid ! mais telle est l'insouciance des jeunes gens, que ceux-ci oublièrent bien vite cette impression désagréable et continuèrent gaiment leur festin.

A 11 heures du soir nous dîmes adieu à nos hôtes et nous prîmes passage sur le *Cantonnais*, qui devait nous conduire à Chaudoc, point extrême de notre voyage.

Le lendemain soir, à 4 heures, il faisait une pluie battante quand nous arrivâmes dans cette localité ; la campagne et les parties basses de la ville étaient inondées. A cette époque de l'année, le Mékong déborde et couvre le sol de ses eaux jusqu'à plusieurs mètres de hauteur. Je n'avais pas encore eu le temps de débarquer quand je vis arriver vers moi, tout effaré, le président du tribunal, M. Lahuppe, que j'avais beaucoup connu à la Réunion, et qui me supplia de venir voir sa femme qui était prise de choléra depuis 24 heures. Je m'empressai de me rendre auprès de la malade que je trouvai dans un état fort alarmant. Je lui fis préparer, en l'absence de tout médecin résidant à Chaudoc, les médicamentsen usage pour combattre cette terrible maladie, et j'eus le plaisir d'apprendre plus tard que cette charmante jeune femme s'était complètement guérie.

Nous ne vîmes de Chaudoc que l'inspection et la prison ; tout le reste de la ville était entre deux eaux. Nous n'eûmes qu'à nous louer de l'accueil que nous fit M. Merlande, l'administrateur des affaires indigènes qui dirigeait la province. Commissaire de marine et frère d'un commissaire que j'avais connu autrefois, je me trouvais de suite en bonnes et cordiales relations avec lui.

J'aperçus dans les rues quelques types de Cambodgiens tout à fait différents du type annamite; les

Cambodgiens sont plus robustes et moins laids que
ces derniers ; de plus, ils portent, hommes et
femmes, les cheveux courts taillés à la Titus.

Nous quittâmes Chaudoc sur la chaloupe de
l'inspection pour nous rendre à Rach-Giah, province située à l'autre extrémité de la Cochinchine
et baignée par la mer de Chine.

Nous passâmes, pour y arriver, par un long et
étroit canal bordé d'arbres, de cases annamites
bâties sur pilotis et à moitié inondées. Devant chacune de ces cases, nous voyons invariablement un
chien, un cochon, quelques poules et cinq à six
enfants tout nus de diverses grandeurs. Les père et
mère étaient à pêcher dans le voisinage. Tout ce
monde-là nous regardait avec un air riant et curieux,
semblant fort heureux de leur sort. Et cependant,
quelle existence pour eux pendant cette période de
l'année ! ils ne peuvent circuler qu'en barque et
sont continuellement dans l'eau. C'est un peuple
bien prolifique, car chaque cahute regorge d'enfants.

A 9 heures du soir nous faisions notre entrée
triomphale à Rach-Giah, au milieu de grosses
jonques, et nous passions sous trois grands ponts
couverts de monde. Ce lieu est tellement éloigné de
tous les centres qu'on n'y voit guère de voyageurs.
Il faisait une lune magnifique. Le père Nansot,
vieux médecin de 2° classe, en retraite, adminis-

trateur de la localité, vint nous recevoir. Ce bonhomme porte une superbe barbe blanche qui lui descend jusqu'à la ceinture et pourrait certainement lui servir de chemise. On l'a surnommé *le Fleuve* à cause des ondulations que fait la brise dans cette superbe toison. Il vit à Rach-Giah depuis longtemps, en philosophe revenu des orages de ce monde, fumant des pipes nuit et jour et s'abrutissant dans la solitude. Comme nous avions dîné à bord de notre chaloupe avec des vivres et des conserves dont nous nous étions munis, nous n'eûmes rien de plus pressé que de gagner nos lits dont nous avions grand besoin. Nous dormions d'un profond sommeil lorsque, vers 4 heures du matin, nous entendons la voix du père Nansot qui nous appelait pour admirer un phénomène curieux et extraordinaire. Nous nous levâmes, tout en l'envoyant *in petto* à tous les diables. Il s'agissait de la comète qui apparaissait au ciel comme une magnifique gerbe lumineuse. J'avoue que je n'en avais jamais contemplé d'aussi grosse et d'aussi brillante. Après un temps raisonnable passé à la fenêtre du bonhomme, nous revînmes tranquillement nous recoucher, et nous dormîmes à poings fermés jusqu'à 8 heures.

Nous employâmes notre matinée à visiter la prison, le blockhaus des troupes, le village, qui est pauvre comme tous les villages de pêcheurs. Je me trouvai heureux surtout de voir la mer, spectacle dont

j'étais privé depuis six mois. A gauche existe une
île qu'on appelle l'île de la Tortue ; elle a tout à fait
l'aspect d'un gros animal de cette espèce.

A 11 heures, après un frugal déjeuner, nous
remontâmes sur notre chaloupe à vapeur, pour
reprendre la route que nous venions de faire ; nous
nous arrêtâmes le soir à Long-Xuyen où nous fûmes
reçus par M. Bertin, l'administrateur, qui nous présenta à sa jeune femme qui travaillait dans son
salon sous un moustiquaire. Nous passâmes une
heure à causer avec ces aimables gens ; mais nous
ne pouvions plus tenir tant nous étions dévorés par
les moustiques. Nous en écrasions des quantités
fabuleuses qui nous piquaient à travers nos vêtements.

Le reste de la nuit se passa à naviguer sur le
Soirap, affluent du Mékong ; nous avions, vers
4 heures du matin, dépassé Dag-Naï et nous navi-
guions dans un arroyo qui devait nous conduire à
Soctrang lorsqu'un faux coup de barre nous fit
monter d'un mètre sur la berge du fleuve. La
marée descendait, il nous fut impossible de nous
déhaler de cette fâcheuse position. Heureusement
que nous pûmes nous transborder sur une petite
barque annamite qui nous conduisit, nous et notre
bagage, à Dag-Naï. Il nous fallut chercher un autre
moyen de locomotion pour nous rendre à Soctrang.
Nous prîmes une voiture fort délabrée attelée de

deux chevaux faméliques qui mirent 6 heures pour nous faire franchir 19 kilom. Nous passâmes par une route à peine tracée, bordée de chaque côté par d'immenses rizières nourrissant des nuées de moustiques qui s'abattirent sur nous. Enfin, on arrive toujours à son but, c'est une affaire de temps. Soctrang, où nous restâmes deux jours, est la localité la plus fraîche et la plus jolie de toutes celles que nous avons visitées. Le sol est sablonneux, la brise qui vient de la mer y souffle nuit et jour. La ville est gaie et pittoresque ; elle est percée de jolies rues et traversée par un canal ou arroyo qui se rend à Dag-Naï et facilite les communications entre ces deux localités.

L'arrondissement de Soctrang est le grenier d'abondance de la colonie : on y récolte d'excellent riz en quantité considérable.

Après avoir terminé nos affaires, nous quittâmes Soctrang pour nous rendre à Dag-Naï, en chaloupe à vapeur, par la voie du canal. Nous espérions prendre le bateau à vapeur qui devait nous ramener à Saigon, mais nous arrivâmes trop tard et force nous fut de continuer notre route en chaloupe, pendant toute la nuit, à travers un fouillis d'arroyos qui nous ramena dans le Mékong, à Vinh-Long, où nous eûmes la chance de rencontrer le paquebot que nous avions manqué. Le lendemain nous revenions à Saigon, après dix jours d'absence. J'étais enchanté de mon voyage, malheureusement trop rapide pour une observation complète des lieux parcourus, et je rapportai une heureuse impression de ce que j'avais vu et, chose bizarre, une meilleure santé qu'au départ.

CHAPITRE III.

—

J'entre maintenant dans quelques détails sur la
vie intime que l'on mène à Saïgon, sur la société
qu'on y fréquente et les plaisirs qu'on y trouve.

L'existence journalière de l'Européen dans ces
régions chaudes et humides serait d'une monotonie
désespérante, si elle n'était coupée çà et là par
des distractions qui en rompent agréablement l'uni-
formité. On se lève à six heures le matin ; c'est le
moment où le soleil n'est pas encore assez haut
sur l'horizon pour rendre sa présence intolérable.
On jouit d'une fraîcheur relative dont on se hâte
de profiter. Après une toilette à grande eau, on
sort et on va à ses affaires jusqu'à dix heures. On
déjeune à dix heures et demie, sous la panka, dont

le balancement régulier provoque une molle agitation de l'air, qui se traduit par une sensation des plus agréables. C'est le repas où l'on a généralement le plus d'appétit; on a même des tendances à abuser des mets variés et savoureux qui vous sont servis. A Saigon la table des hôtels de même que celle des particuliers, est généralement plantureuse; cela tient au bon marché et à l'abondance des denrées alimentaires. On reste à table le plus qu'on peut; on se sent gai et dispos et les aimables propos animent la conversation des convives.

A midi, on monte dans sa chambre pour faire une longue sieste jusqu'à 2 ou 3 heures. Saigon, au milieu de la journée, a l'air d'une ville morte; les magasins sont fermés, les portes et les volets des maisons clos. On ne voit dansles rues que quelques rares Annamites et des Congaïs en quête d'aventures. Plongé au milieu d'une obscurité qui permet à peine de lire, l'infortuné européen dort ou reste étendu dans une chaise longue. Dans tous les cas, il s'ennuie profondément. Mais que faire? La chaleur est écrasante; le moindre mouvement vous met en nage, le plus petit travail intellectuel vous fatigue. Sortir ! ce serait s'exposer aux coups de soleil et à errer comme une âme en peine au milieu d'une véritable nécropole ! Et puis la sieste, bien qu'en disent d'austères sermoneurs, est une nécessité dans les pays chauds, aussi bien

4

pour nous que pour les créoles ou les indigènes.
Après le repas et la fatigue du matin, on se sent
invinciblement porté au sommeil et au repos absolu ;
la lutte n'est pas souvent possible. Et, du reste,
comment tuer ces longues heures de l'après-midi ?
Vaut encore mieux dormir que de penser dans la
solitude, surtout quand on n'est plus jeune et que
les idées couleur de rose sont remplacées par les
tristes préoccupations de l'absence.

De 2 à 3 heures la ville se réveille, chacun
reprend son travail. On part pour son bureau, les
uns à pied sous le parasol blanc, les autres en
malabare. A 5 heures on sort de son bureau et les
rues de Saigon commencent réellement à prendre
de l'animation. C'est l'heure où les voitures circulent en plus grand nombre. Chacun, riche ou
pauvre, se paie un véhicule pour aller faire la tournée de l'*Inspection*.

Rien d'hygiénique et de salutaire comme ces promenades en voiture ! Elles sont un besoin tellement
impérieux dans cette ville où les brises de mer se font
à peine sentir, que négociants et fonctionnaires n'hé-
sitent pas à faire, en arrivant, la dépense d'une
victoria et d'un petit attelage composé de deux
poneys de Batavia. C'est une affaire de 7 à 800 fr.
On dépense à peu près 100 fr. par mois pour la
nourriture des chevaux, et les gages du cocher au
Saïs malais qui les soigne et qui conduit l'équipage.

En partant de la colonie on revend généralement le
tout, sans presque aucune perte.

Ceux qui ne veulent ou ne peuvent faire cette
première mise de capital, trouvent à des prix très
raisonnables, 1 fr. 50 la course, des voitures fort
propres nommées *Zidores,* dans le pays, sans doute
en raison d'un Isidore quelconque qui en fut le
premier introducteur et dont le nom va passer à
la postérité. Pour les bourses modestes, il existe
encore la petite voiture *malabare,* dont j'ai déjà
parlé, contenant 4 places à l'intérieur. C'est l'équipage des gens pressés sur la semaine, du *mathurin*
et du *piou-piou,* le dimanche. Le prix de la course
de ce véhicule démocratique varie de 0 fr. 50 à
1 fr. même pour les 4 places remplies. Souvent il
arrive, en effet, que pour cette modique redevance,
quatre troupiers se cotisent et s'insinuent dans la
voiture, pour se faire conduire au jardin public.
Le maigre petit cheval qui les tire, a toutes les
peines du monde à ébranler son fardeau, et ce n'est
qu'à grands renforts de coups de fouet et ahuri par
les vociférations du cocher, accompagnées des rires
et des plaisanteries des voyageurs que la pauvre
bête arrive au terme de sa course. On peut bien
dire de Saïgon ce qu'on a dit de Paris : « Paradis
des femmes et enfer des chevaux ! »

Il existe plus de 400 voitures de louage dans la
seule ville de Saïgon. On les voit par groupe de

8 à 10 à la porte des cercles, des hôtels, des banques, des casernes, etc. Elles rendent de grands services aux européens qui évitent ainsi, sans dépenser beaucoup d'argent, les insolations et la fatigue que la moindre course à pied vous occasionne.

Ceux qui critiquent ces habitudes sont des voyageurs de passage qui arrivent à Saïgon avec les préjugés de la mère-patrie. Au bout de quelques mois de séjour dans la colonie, ils ne tardent pas à perdre l'ardeur pédestre qui les caractérisait au début, et ils reconnaissent l'avantage et la nécessité de la promenade en voiture. Il ne faut être exclusif en rien, et la sagesse consiste à se plier aux habitudes des pays dans lesquels on est appelé à vivre. Elles sont presque toujours justifiées par les exigences du climat.

Le soir, on dîne à 7 heures 1/2 lorsque la nuit est tout à fait tombée. On fait généralement peu honneur au repas ; la plupart se contentent d'un potage, de quelques fruits ou d'une tasse de thé. Après les fatigues de la journée et l'énervement de tout l'organisme provoqué par une chaleur accablante, l'estomac est dans un état d'atonie et de relâchement qui favorise peu l'appétit. Il est donc prudent de peu surcharger cet organe dont les fonctions ne se réveillent guère que le matin.

Il reste ensuite une longue soirée à passer. La

plupart des jeunes gens et des célibataires vont au cercle, dans les cafés ; on s'abreuve de bière glacée et on joue souvent de grosses parties qui durent jusqu'au matin.

Pour ceux qui aiment la société des dames et qui recherchent les plaisirs du monde, il existe à Saigon des éléments qui ne sont point à dédaigner. Il fut un temps où la colonie jouissait d'une telle réputation d'insalubrité qu'aucun fonctionnaire n'aurait voulu y conduire sa famille. Mais, par suite des travaux d'assainissement exécutés pendant les 20 dernières années, l'état sanitaire s'étant relativement amélioré et la ville ayant pris le développement et l'aspect d'une cité civilisée, on se risqua à faire comme dans nos autres colonies ; les gens mariés y amenèrent leurs femmes et leurs enfants, et aujourd'hui Saigon et les principaux chefs-lieux de province comptent un grand nombre de ménages, dans toutes les classes de la société.

La présence d'un petit groupe de femmes bien élevées et d'un commerce agréable a changé complètement les mœurs et les habitudes de la population européenne. Au lieu de la vie de cercle et de café à laquelle on était exclusivement condamné autrefois, on trouve maintenant des maisons hospitalières où l'on est sûr de rencontrer un bon et sympathique accueil. On échange des visites, on participe à des soirées intimes, à des bals, à des concerts.

Les dames ont toutes leur *jour*, comme en France ;
et il est certains salons qui ne désemplissent pas de
visiteurs. Les jeunes gens et les gens mariés qui
cherchent d'honnêtes distractions n'ont que l'embarras du choix. Pour peu qu'ils montrent de
l'empressement à se faire présenter dans les familles,
ils sont reçus avec la plus parfaite cordialité et
ne chôment point d'invitations à dîner ou à des
soirées intimes.

J'ai gardé pour mon compte personnel un souvenir
charmant de cette aimable société saigonnaise, si
gaie, si accueillante, qui m'a aidé à supporter presque agréablement les ennuis de l'absence.

Dans nos vieilles colonies, il n'est pas facile, à
moins de s'y faire présenter par lettres de recom-
mandation, de pénétrer dans l'intimité des familles
créoles. C'est un petit monde fermé, exclusif, qui
n'aime point les étrangers ou qui n'établit avec eux
qu'un contact tout à fait accidentel. A la longue,
il est vrai, quand on a pu forcer la porte des maisons
coloniales, soit par une alliance de famille, soit par
des relations établies peu à peu, on trouve une société
charmante, simple, hospitalière. Mais c'est là l'exception. Européens de passage et colons vivent côte à
côte sans se pénétrer. Il n'en est pas de même
dans les colonies de nouvelle formation, telles que
la Nouvelle-Calédonie, la Cochinchine, etc. Il ne
s'y trouve, en fait d'habitants, que des oiseaux

de passage qui n'ont encore aucune racine dans le pays et qui appartiennent à peu près tous à la même catégorie sociale. C'est ce qui fait que les relations y sont si faciles et s'établissent si promptement entre gens du même monde. Les femmes cherchent des distractions et font assaut d'amabilité. Se sentant loin de France, exilées pour ainsi dire, pour un temps assez court, dans un pays à peine livré à la civilisation, elles tendent à se rapprocher les unes des autres et elles servent de lien entre les différents éléments qui vivent dans leur milieu. Plus tard, les familles créoles, si toutefois le climat de la Cochinchine permet aux européens de s'y acclimater complètement, deviendront plus fermées et plus réservées envers les étrangers. On n'y trouvera plus cette aimable gaîté, cet abandon et cet attrait du plaisir qui caractérisent aujourd'hui la société saigonnaise.

Dans les réceptions intimes dont j'ai parlé, on faisait un peu de musique, on causait, on jouait ; presque toujours la soirée se terminait par des danses qui duraient jusqu'à minuit. J'ai même assisté à un bal travesti qui eut un certain succès, et dont les officiers de l'aviso *le Léopard* doivent se souvenir avec plaisir. Je ne sais si c'était un effet du hasard ou bien si nos yeux étaient favorablement prévenus envers nos aimables compatriotes, mais il était impossible de rêver une réunion d'aussi jolis visages et de femmes aussi distinguées. Il y avait, en effet, à cette époque, deux ou trois charmantes Parisiennes, des types ravissants des Antilles !... Si je voulais être indiscret, je citerais des noms qui évoqueraient, dans la mémoire de ceux qui habitaient Saigon, en 1882, de bien riantes images. Si jamais ce récit de voyage vient à tomber sous les yeux de celles dont je parle, qu'elles me permettent de les remercier du vif agrément que j'ai rencontré dans leur société.

En dehors de ces soirées, il y avait encore, chaque année, un ou deux grands bals de société offerts par les jeunes gens de la ville et un bal officiel au Gouvernement. J'ai assisté à celui qui avait été donné, en octobre 1882, à l'occasion du voyage à Saigon du roi du Cambodge Noroddon. Ce monarque oriental, qui n'était en réalité qu'un vassal du gouverneur, avait été reçu à son débarquement avec des honneurs royaux : salves de coup de canon, piquet d'honneur, musique, etc. Les voitures du gouvernement le conduisirent au palais où l'attendait M. Le Myre de Villers. Les Annamites s'étaient portés en foule dans les rues pour contempler les traits du roi.

Le soir, il y eut un grand dîner, suivi d'un bal, où avait été invité tout ce que Saigon comptait de fonctionnaires et de personnes honorables de la ville. Le grand salon de réception, étincelant de lumières,

orné à profusion de végétaux des tropiques, était
vraiment splendide.

Une quarantaine de jeunes et jolies femmes en
toilette de soirée et quelques dames annamites de
haut rang, vêtues de robes de soie aux couleurs
voyantes, composaient le bataillon un peu restreint
des danseuses. Les danseurs, au contraire, étaient
en majorité ; on ne voyait partout que les brillants
uniformes des officiers de terre et de mer. De
graves annamites, ornés d'un riche baudrier, marque
distinctive de leur dignité, et des officiers de tirailleurs indigènes, confondus au milieu des invités
européens, représentaient l'élément de la conquête
rallié à notre politique. L'excellente musique de
l'infanterie de marine, dissimulée dans une galerie
latérale derrière un massif de plantes, entraînait tous
les danseurs et contribuait puissamment à la gaîté
et à l'animation du bal.

Vers 10 heures, Sa Majesté Norodom, entouré
de ses grands dignitaires, fit son apparition dans les
salons. Ce petit homme vieillot, maigrelet, à la figure
flétrie et basanée, était accoutré d'un habit brodé de
général français qui lui couvrait assez noblement le
buste; mais le bas du corps était affublé d'un jupon
de couleur, relevé entre les cuisses, à la mode de
son pays, et qui laissait à nu ses jambes cagneuses,
c'est le *sampot* national. Ses pieds étaient chaussés
de souliers vernis. Cet habillement grotesque et

hybride prêtait vraiment à rire, et c'est avec peine que chacun conservait son sérieux. Le roi distribuait d'aimables sourires aux dames et affectait même des airs de galantin qui amusaient la galerie. Plusieurs officiers reçurent de ses mains royales la décoration de son ordre, qu'on appelait un peu irrévérencieusement dans la colonie l'ordre de la *Banane*.

Chemin faisant, Noroddon mâchait sa chique de bétel ; un de ses grands officiers recevait respectueusement dans un petit bassin d'argent richement ciselé la salive rougeâtre qu'il crachait à la suite de cette opération ; puis, quand il avait bien mastiqué sa chique, il en remettait le résidu à un autre chambellan qui le renfermait précieusement dans une boîte de métal de prix.

A côté de notre gouverneur, à la taille imposante et au visage sévère, ce petit homme, tout roi qu'il était, n'avait pas beaucoup de relief. Il rappelait, jusqu'à un certain point, ces rois fainéants auxquels les maires du palais ne laissaient que l'ombre du pouvoir, gardant pour eux l'autorité effective. A cette époque, ce pauvre roi n'avait pas encore passé par toutes les épreuves qu'il devait connaître. Le successeur de M. Le Myre de Villers, le gouverneur Thomson, le soumit aux dures et étroites nécessités d'un protectorat véritable, qui a mis le comble à ses infortunes. Ce n'est plus aujourd'hui qu'une

grandeur déchue, une marionnette dont le gouverneur de Saïgon tient tous les fils.

Les plaisirs que pouvait offrir la capitale ne se
bornaient point aux soirées et aux bals, il y avait
encore le théâtre, les concerts, les fêtes publiques,
etc.

De mon temps, le théâtre n'avait point les vastes
proportions de l'édifice qu'on a construit récemment
dans la rue Catinat, auprès de l'hôtel-de-ville. C'était
un modeste bâtiment situé dans la rue Vannier, en
face d'un joli square désigné sous le nom de *Rond-
Point*. La salle, pouvant contenir tout au plus quelques centaines de spectateurs, était des plus simples,
sans aucun ornement. Elle était composée d'un
parterre garni de bancs et de chaises et d'un rang
de loges où les dames se plaçaient, aux représen-
tations des grands jours. Peu de décors sur la
scène et un piano pour tout orchestre. Les loges
des actrices étaient disposées sur la rue; et, comme
dans ce pays les fenêtres ne sont jamais fermées à
cause de la chaleur, les passants avaient le plaisir
de voir les actrices s'habiller et se déshabiller avant
de paraître en scène.

Les acteurs provenaient de troupes de passage
faisant la tournée de Singapour, Hong-Kong, Batavia
et Saïgon. Ils ne restaient donc que quelques mois
à chaque escale. J'ai vu jouer des opérettes et des
vaudevilles qui n'étaient pas trop mal interprétés.

Les actrices, pourvu qu'elles eussent un peu de gentillesse et de jeunesse, étaient comme partout, et ici, peut-être plus qu'ailleurs, fort courues par les célibataires de tout âge, qui retrouvaient auprès de ces filles d'une vertu facile et d'un entrain endiablé, comme un écho des plaisirs de la mère-patrie, dont ils étaient sevrés depuis longtemps.

Ce n'est point que l'on manque de femmes à Saigon. Cette denrée y est, au contraire, d'une abondance extrême et les congaïs complaisantes pullulent partout où l'européen s'est fixé. Mais on les prend faute de mieux et l'on donne toujours la préférence aux filles qui parlent notre langue et représentent les traditions d'élégance et de coquetterie qui donnent plus de saveur au plaisir.

Et cependant la congaï a bien aussi son charme, au dire des amateurs qui ont fait de longs séjours dans la colonie et ont rompu avec les préjugés européens. Je ne parlerai point de la coureuse des rues, espèce malpropre et dangereuse qui s'offre, avec l'impudence et l'impudeur de ses pareilles, au premier venu qui passe à leur portée, mais de celles qui vivent avec l'élément étranger en une sorte d'union acceptée par les parents de la jeune fille, comme un mariage temporaire, et qui appartiennent à une catégorie plus relevée. Ces congaïs sont en général fort intelligentes, quelquefois jolies et gracieuses et très bien faites. Elles savent prendre, par leurs cajoleries, un grand empire sur leurs maris d'occasion, qu'elles compromettent assez souvent quand ceux-ci occupent des fonctions qui les mettent en relation avec des Annamites d'une certaine classe. Elles passent pour peu fidèles, pour très capricieuses et elles sont d'une âpreté au gain qui a maintes fois causé la gêne, sinon la ruine de leurs adorateurs. Elles se font offrir des bijoux, des mobiliers, des maisons même où elles se retirent quand elles sont délaissées. Qui pourrait les blâmer de leur prévoyance, surtout quand il s'agit de faire rendre gorge aux conquérants de leur patrie? C'est la revanche, par la femme, des vaincus sur les vainqueurs.

La congaï aime passionnément les lieux publics, les réunions, les spectacles, les habits de luxe... C'est un petit animal qui coûte fort cher, mais dont on se passe difficilement. Il est vrai qu'on fait encore plus de folies pour d'affreuses gourgandines, rebut des cafés-concerts de Paris ou de Marseille, échouées à Saigon comme d'impures épaves, et qui ne valent certes point ces charmantes filles de l'Extrême-Orient. Celles-ci ont au moins pour elles leur jeunesse et un cœur qui n'est point encore blasé par l'abus de trop multiples relations.

Quand le théâtre a fermé ses portes, c'est le tour des concerts. Saigon possède une Société phil-harmonique composée d'amateurs de bonne volonté qui se réunissent chaque semaine et préparent les morceaux qui doivent constituer plus tard le menu de concerts organisés dans la salle du théâtre. Deux ou trois fois par saison, on a le plaisir d'assister à ces fêtes musicales fort goûtées de la belle société.

Il n'est pas jusqu'à des troupes de cirque qui ne dédaignent point de venir, avec un formidable personnel de clowns, d'acrobates et d'animaux savants, planter leur tente à Saigon. Malgré les frais énormes qu'occasionne aux directeurs de cirques, un aussi long voyage avec un matériel aussi encombrant, ceux-ci n'ont pas lieu, néanmoins, de regretter leur déplacement, car aucun spectacle n'attire autant les Annamites que celui-ci. Il en vient de partout, de Saigon et des provinces les plus éloignées, pour assister à ces merveilleux exercices qui les empoignent par les yeux. Ils vendraient jusqu'à leur dernière culotte pour ne manquer aucune représentation. Aussi la campagne des directeurs est-elle généralement très fructueuse !

Une distraction qui attire également ces foules, c'est la fête du 14 juillet. On ne peut se faire une idée de l'affolement universel ce jour-là. Il est vrai de dire que l'Administration multiplie les amusements en honneur chez les Annamites : Théâtres en plein vent, balançoires, mâts de cocagne, illuminations, ballons, feu d'artifice !... Impossible de se faire une idée, quand on n'en a pas été témoin, de la façon gaie et joyeuse dont ce peuple, ami du plaisir et des fêtes publiques, prend sa part de nos réjouissances nationales.

CHAPITRE IV.

—

Passons maintenant en revue les diverses races qui occupent le sol de notre colonie de l'Indo-Chine :

La Cochinchine française est habitée par 1,500,000 Annamites et un grand nombre d'autres races dont l'ensemble constitue à peu près 200,000 âmes.

Il résulte des relevés de la population faits en 1882, qu'il y avait, en Cochinchine, à cette époque :

Chinois 50.000

Tagals 65

Malais............................... 10.000

Malabars,..................................... 600
Cambodgiens.............................. 105.000
Sauvages (Moïs, Chams, Stiengs)........ 2,000
Européens, commerçants et fonction-
naires....................................... 2.000
Population flottante...................... 18.000

Les *Chinois* habitent principalement la grande
ville de Cholon, située à 5 ou 6 kilomètres de
Saigon. On les rencontre aussi dans toutes les villes
et les moindres villages des autres provinces de
Cochinchine, où ils font presque tous le petit commerce du pays. Partout où il y a de l'argent à gagner
et un échange à faire, on est toujours sûr d'y
trouver un Chinois.

Le Chinois importe partout son costume et ses
mœurs traditionnelles. A Saigon, il se différencie
de l'Annamite par son teint plus jaune, ses yeux
plus obliques, son costume blanc et sa fameuse
queue qui lui descend jusqu'aux talons. La figure
des artisans chinois n'est pas aussi laide qu'on
pourrait le supposer; elle est souvent régulière,
presque toujours intelligente. La physionomie des
riches Chinois est très digne; ces derniers sont
généralement gros et obèses. Quant aux enfants
chinois en bas âge, ce sont les plus ravissants bébés
que l'on puisse voir.

A Saigon et à Cholon, le grand commerce des
riz, des thés, des soies est entre les mains des

Chinois ; ils détiennent également le commerce
de détail pour les objets de consommation courante
dans la vie annamite ou européenne. On trouve
dans leurs magasins des produits français qui ne
coûtent guère plus cher que dans leur pays d'origine.
Ils exercent, en outre, une foule de professions,
telles que celles de tailleur, cordonnier, épicier,
restaurateur , laveur et repasseur , fabricant de
meubles, maçon, cuisinier, domestique, etc., etc.
Industrieux, laborieux, sobres, se contentant d'un
gain modeste, ils défient toute concurrence avec
l'étranger et s'imposent en outre comme intermédiaires ou *Compradores* dans toutes les affaires que
les négociants européens sont obligés de traiter avec
les indigènes. Même les marchés du Gouvernement,
les entreprises des grands travaux et des constructions importantes sont soumissionnés par les Chinois.

Ce qui fait la force de cette race, en pays
étranger, c'est son esprit de solidarité et de discipline, son attachement inébranlable aux mœurs
de sa patrie, son esprit mercantile et son indifférence profonde pour la politique et les formes de
gouvernement. Quand il vient habiter un pays voisin
de la Chine, le Chinois ne se lance point à l'aveu-
glette dans cette entreprise. Il ne quitte habituellement sa patrie qu'appelé par des compatriotes
précédemment établis dans la contrée où il a désir
de se rendre. C'est généralement un riche Chinois,

déjà bien établi dans le pays, qui se charge de faire venir les travailleurs dont il a besoin. A peine ceux-ci sont-ils débarqués qu'ils sont reçus par un patron qui, en échange de leur travail, leur donne le logement, la nourriture et un salaire convenable. La plupart du temps, patron et ouvriers mangent ensemble, se vêtissent de la même façon et vivent de la même existence. Aussi l'artisan chinois, à Saigon, semble-t-il heureux et content de son sort, malgré une somme de travail qui se répartit généralement entre le commencement du jour et la soirée fort avancée.

En Cochinchine, les Chinois sont tous organisés en *congrégations*. Les plus riches et les plus considérés d'entre eux en sont les chefs ; ils répondent vis-à-vis du Gouvernement français de la taxe imposée à chaque Chinois, du bon ordre et de la discipline des membres de la congrégation. Cette organisation fort simple a fonctionné jusqu'ici d'une manière parfaite. Jamais, à Saigon et à Cholen, on n'a eu à se plaindre des Chinois sous le rapport de la tranquillité et des mœurs. Ce n'est que dans quelques provinces éloignées qu'une certaine Société secrète connue sous le nom de Société des *Fils du Ciel* a essayé, à plusieurs reprises, de fomenter des troubles et d'exciter les Annamites à la révolte. Mais la façon sévère dont un des précédents gouverneurs, M. Le Myre de Villers, a traité les

coupables, aura dû les dégoûter pour longtemps de
ces velléités d'insurrection.

Le Chinois a des vices, comme tous les peuples
orientaux et occidentaux. Seulement il a le soin de
ne pas les étaler au grand jour. Il en a le respect,
ce qui est déjà quelque chose. Quand il se livre à la
passion du jeu ou de l'opium, qui sont ses péchés
mignons, il s'enferme hermétiquement dans des
maisons discrètes et se cache ainsi à tous les
regards. Jamais il ne s'enivre ou ne se bat sur la
voie publique. Chose triste à dire ! les seuls individus
que l'on rencontre ivres dans les rues et qui y
font du scandale sont les soldats et les matelots
européens !

Le Chinois est une immense force absorbante
partout où il se fixe. Anglais, Français, Allemands,
Japonais, sont destinés à être évincés par les
Chinois dans les nouvelles conquêtes européennes.
Ils nous laisseront le prestige du gouvernement et
des armes, mais ils nous soutireront nos piastres,
s'enrichiront à nos dépens et seront toujours à la
tête du commerce et des affaires.

Les *Tagals* et les *Malais* exercent presque exclusivement la profession de cochers de voitures de
maîtres à Saigon. On les désigne sous le nom de
Saïs. Ils aiment les chevaux, les soignent avec
tendresse et conduisent leur attelage d'une façon
irréprochable. Ils ont le teint très foncé, la face

carrée, les cheveux noirs et courts ; leur tête est coiffée d'un turban et ils sont vêtus d'une façon fort coquette et très propre de vestes blanches et de pantalons de même couleur.

Les *Malabars* viennent presque tous de Pondichéry. Les hommes ont le type caractéristique des races de l'Inde, les traits sont réguliers et beaux, la barbe noire et touffue, le teint brun foncé. Ils portent un large turban blanc sur la tête et se couvrent d'une grande pièce d'étoffe de mousseline blanche, qui leur tient lieu tout à la fois de chemise et de culotte. Les femmes sont généralement jolies et bien faites ; elles ont le mauvais goût de porter des pendeloques et des bracelets aux jambes, aux doigts de pied, aux oreilles et aux narines. Leur vêtement consiste en un justaucorps qui leur emprisonne les seins tout en leur laissant le ventre et les reins décou- verts et une longue étoffe de couleur voyante dans laquelle elles se drapent d'une façon fort pudi- que, bien qu'elle n'ait que l'épaisseur d'une toile d'araignée.

Les Malabars sont cochers de voitures publiques, changeurs au bazar, mais surtout marchands de tabac, de boîtes d'allumettes et des produits excitants entrant dans leur cuisine. Ils louent sur la rue de petites boutiques élevées d'un mètre au-dessus du sol, ayant tout au plus 2 mètres carrés de superficie, dans lesquelles ils se tiennent accroupis toute la journée. C'est une race douce, facile à vivre, ne se mêlant point aux autres peuples habitant la Cochinchine et reléguée dans un quartier particulier.

Les *Cambodgiens* n'habitent que les deux provinces de Chaudoc et de Soctrang. Ils sont plus robustes que les Annamites dont ils diffèrent du reste par la langue, le costume et les mœurs. Leurs traits sont plus réguliers que ceux de leurs voisins, leurs cheveux sont coupés courts et ils portent comme unique vêtement une pièce d'étoffe voyante, *le sampot,* nouée à la ceinture et repliée entre les deux jambes, de manière à simuler une culotte. Les grands personnages du royaume, même Sa Majesté Noroddon Ier, que j'ai eu l'occasion de voir plusieurs fois à Saigon, ne portent pas d'autre vêtement inférieur.

Les Cambodgiens sont d'excellents agriculteurs ; les parties de la Cochinchine qu'ils exploitent sont de beaucoup les mieux cultivées et les plus florissantes. Autrefois, ils souffraient beaucoup du mépris des Annamites qui semblaient exercer sur eux l'ascendant de la race conquérante sur la race vaincue. Mais depuis que nous occupons la Cochinchine, nous avons cherché à attirer à nous cette race intéressante et à la débarrasser du joug insupportable qui pesait sur elle. Aujourd'hui surtout que nous avons établi un protectorat effectif sur tout le royaume de Cambodge, les Cambodgiens jouiront de tous les droits que nous accordons aux races inférieures habitant nos possessions lointaines.

On désigne sous les noms de *Moïs, Stiengs* ou *Chams* les races sauvages que l'on rencontre dans les pays compris entre la province de Bien-hoa et l'Annam. Bien que leurs traits rappellent ceux des Annamites, on voit cependant qu'ils en diffèrent par bien des points. Ils sont plus grands, plus forts que ces derniers; leur physionomie est plus bestiale. Ils semblent représenter les descendants d'une race vaincue et déprimée qui a conservé les stigmates indélébiles de souffrances longtemps endurées.

Ils habitent des contrées montagneuses et boisées extrêmement insalubres pour les européens. Leur population est très clairsemée et leurs arts et leur agriculture sont tout à fait rudimentaires. Les seuls français qui aient pénétré jusqu'à eux, au péril de leur vie, sont quelques courageux missionnaires et plusieurs officiers d'infanterie de marine d'une santé et d'une intrépidité à toute épreuve. Ils ont pu établir, avec un certain nombre de tribus, des rapports de bon voisinage et même une sorte de reconnaissance officielle de notre autorité.

Je me rappelle avoir vu à Saigon, chez le Gouverneur, un des chefs barbares de ces tribus, le roi Palao. Sa Majesté, fort peu vêtue à l'état ordinaire, avait été affublée pour la circonstance d'un costume à peu près décent. Pendant le dîner, le Gouverneur l'avait fait asseoir à sa droite et lui faisait servir nos mets et nos boissons européennes que le pauvre diable avalait, non sans faire d'effroyables grimaces et sans commettre de nombreuses maladresses. Ayant un peu trop fêté le champagne, il se trouva même vers la fin du repas dans un état d'ébriété fort peu convenable pour une Majesté.

Les *Annamites* appartiennent, comme les Chinois, à la race mongolique. Ils ont le teint jaune, les yeux obliques et noirs, les pommettes saillantes et la bouche largement fendue. Ils sont, en général, malingres, de taille moyenne, le buste long, les hanches étroites, les pieds et les mains fins. Ils jouissent d'une particularité qui leur a fait donner par les Chinois le surnom ou plutôt le sobriquet de *Ghiao-Chi* (pouce séparé) ; le pouce de leurs pieds est, en effet, largement séparé des autres doigts. La poitrine est bien développée chez les hommes et chez les femmes ; ces dernières ont un aspect délicat et gracile qui n'exclut pas, bien au contraire, la pureté et la rondeur des formes que le léger vêtement dont elles sont couvertes voile sans les dissimuler.

La physionomie des Annamites peut passer pour laide au premier abord ; il faut avoir habité la Cochin chine pendant assez longtemps pour découvrir parmi les jeunes gens, les lettrés et les jeunes fille habitant les grandes villes des visages réguliers et intelligents.

Les hommes et les femmes s'habillent et se coiffent, pour ainsi dire, de la même façon, à tel point qu'il est difficile pour un nouveau débarqué de ne pas confondre les deux sexes.

Le vêtement consiste en une tunique de soie de diverses couleurs, brune ou noire pour les hommes, blanche, verte ou violette pour les femmes, tombant au-dessous du genou et fendue des deux côtés à la hauteur de la hanche. La partie inférieure du corps est emprisonnée dans une ample culotte à fond très bas et très large, retenue autour de la taille par une ceinture de soie dont les bouts retombent par devant.

Les hommes et les femmes du peuple marchent pieds nus. Les habitants des villes portent des chaussettes et des souliers vernis, tandis que les femmes introduisent l'extrémité de leurs petits pieds dans des babouches à bout relevé. La difficulté de se tenir en équilibre dans de pareilles chaussures donne aux femmes une démarche disgracieuse que je ne puis comparer qu'au dandinement de la cane. C'est le grand genre parmi les demoiselles à la mode.

Les deux sexes ont les cheveux très longs relevés en chignon sur le sommet de la tête à l'aide d'un haut peigne en écaille ; les hommes portent une sorte de turban de soie noire et les femmes vont nu-tête ou bien se couvrent pendant les heures chaudes de la journée d'un grand chapeau ayant la forme d'un gros fromage de Gruyère, juché en équilibre sur le sommet de la tête et agrémenté de longs cordons de soie terminés par des glands et des pompons.

Rien de plus drôle que de voir les hommes avec la coiffure d'un autre sexe. On n'a pas idée de l'effet original que font les petits tirailleurs annamites, ayant la veste militaire, le sabre au côté, le fusil sur l'épaule et le petit chapeau chinois placé sur une tête à chignon. Mais ce qu'il y a de plus drôle encore, ce sont les officiers indigènes vêtus comme nos officiers et coiffés comme de véritables femmes sous le salaco qui leur couvre la tête.

Les Annamites, tout fidèles qu'ils sont à leurs vieilles coutumes, commencent cependant, à Saïgon, à sacrifier aux modes européennes. Outre les souliers et les chaussettes dont j'ai déjà parlé, on voit encore les jeunes gens qui sont employés dans les bureaux comme copistes ou interprètes porter leurs cheveux coupés, arborer le chapeau de paille européen et se servir du parasol blanc. Ce costume hybride leur sied infiniment moins que celui qu'ils avaient autrefois. Les femmes n'ont point encore suivi ce mauvais goût. Espérons qu'elles sauront toujours résister à l'envie de s'affubler de nos modes étriquées qui

leur enlèveraient leur cachet original et les transfor-
meraient en hideuses caricatures.

La famille chez les Annamites est admirablement
et solidement organisée, comme chez les Chinois
auxquels ils ont emprunté, du reste, leur civilisation,
leurs lois et leur littérature. Le respect des fils
pour leurs parents et la tendresse de ceux-ci envers
leurs enfants sont véritablement touchants. Il règne
entre tous les membres de la même famille une
union, une solidarité que l'on rencontre rarement
en Europe, dans des pays qui passent pour plus
civilisés. Dans l'Annam et en Chine, la famille est
la base, le pivot fondamental de leur organisation
politique. C'est par les familles rassemblées dans les
villages que se constitue la commune, l'unité sociale
et politique la plus solide et la plus indestructible
de ces peuples orientaux. Aussi quand une race
conquérante vient à s'établir chez les races annamites ou chinoises, suffit-il la plupart du temps
qu'elle respecte l'organisation communale des villages
pour que son joug soit accepté sans trop de difficulté. C'est ainsi que nous avons agi en Cochinchine. Nous nous sommes substitués à l'administration tracassière et malhonnête des mandarins qui
pressuraient le pays et nous avons laissé les villages
s'administrer eux-mêmes, comme par le passé, et
jouir, en toute liberté, de leurs vieilles coutumes
traditionnelles.

La religion des Annamites est fort simple et se ressent du respect filial qu'ils montrent à leurs parents pendant leur existence. Elle consiste presque entièrement dans le culte des ancêtres qui ont une chapelle dans l'intérieur de chaque maison, où l'on accomplit, à certaines époques de l'année, diverses cérémonies qui rassemblent les membres de la famille. On fait des sacrifices aux ancêtres, on s'entretient de leurs vertus et on cite les belles actions de leur vie passée. Les Français sceptiques qui entrent dans ces intérieurs simples, où la plus belle pièce du logis est consacrée à l'autel familial, orné plus ou moins richement, ne peuvent s'empêcher de respecter ces touchantes coutumes qui empêchent l'oubli des morts et poussent la pensée au recueillement.

Les Annamites ont en outre des pagodes élevées au culte de Confucius ou au génie protecteur de chaque village. Dans les villes, il n'est pas une boutique ou une échope où l'on n'aperçoive une image enluminée représentant un personnage du culte, devant laquelle brûle une petite lampe fumeuse. A Cholen, les Chinois ont construit de très belles pagodes où ce vieux peuple, assez peu croyant, a entassé les mille objets d'un culte très fantastique et très compliqué. Les quelques dévôts qui entrent dans ces sanctuaires font brûler devant les idoles ou les statues des dieux de petits papiers ou se servent de la fameuse boîte à prières que l'on tourne comme un moulin à café.

A certaines époques de l'année, ces pagodes sont ornées avec un luxe criard dont on ne peut pas se faire une idée. Dire la quantité de lustres, de lanternes en verroterie et d'objets bizarres qui sont suspendus au-dessus de la tête des fidèles serait impossible à décrire. Le soir, quand tout cela est illuminé, on se croirait dans un palais des *Mille et une Nuits*. Le peuple circule dans le temple en une foule compacte fort peu recueillie, riant, consommant les nombreuses pâtisseries et rafraîchissements que débitent des marchands apostés dans tous les recoins. On se croirait plutôt dans une foire que dans un lieu sacré.

Les cérémonies qui tiennent la plus grande place dans la vie intime annamite sont celles du *mariage,* des *funérailles,* du *têt* ou premier jour de l'an et du *Génie protecteur*.

Le *mariage* comporte cinq phases différentes. Tout d'abord se fait le *choix de la fiancée*. Les deux futurs se font la cour un peu à l'américaine, à l'insu des parents qui laissent à ce sujet toute liberté à leurs enfants. Ils se fréquentent et flirtent pendant plusieurs mois, jusqu'à ce qu'ils aient eu bien le temps de se connaître.

Vient ensuite *la demande aux parents* entourée d'une certaine solennité.

Après l'acceptation et l'introduction définitive du fiancé dans la famille, commence une phase plus intime désignée sous le nom de *Mâchage du bétel*. Je dirai plus loin en quoi consiste cette dégoûtante opération. Enfin on se réunit à nouveau pour la *fixation du mariage ;* et, quelques jours après, la *cérémonie* s'accomplit de la façon la plus joyeuse et la plus bruyante, au milieu du concours de tous les membres de la famille.

Il faut avouer que cette façon de se marier par étapes successives, qui permet aux jeunes gens de se choisir selon leur cœur, de s'étudier et de se bien connaître avant de se lier pour la vie, est bien préférable à ce qui se passe dans nos sociétés civilisées où les mariages se bâclent si rapidement et sont trop fréquemment l'occasion de marchandages entre les familles au sujet de la dot et des espérances.

La maternité chez les jeunes Annamites est l'occasion de pratiques effroyables auxquelles on refuserait de croire, si elles n'étaient attestées par des médecins dignes de foi qui en ont été plusieurs fois les témoins.

Quand les symptômes d'accouchement deviennent évidents, la jeune Annamite est mise entre les mains de vieilles matrones qui exercent d'abord des pressions très fortes sur le ventre et font subir aux parties sexuelles des tractions énergiques destinées à en préparer la dilatation. Après l'accou-

chement, qui se fait debout, la victime est placée
sur un lit à claire-voie, une des matrones, suspendue
à une corde, grimpe sur le ventre de la pauvre
femme et, à l'aide de ses pieds, exécute un piétine-
ment d'avant en arrière qui a pour but de faire
sortir le placenta et de ramener rapidement l'utérus
à son volume primitif. Une fois cette opération
douloureuse terminée, on allume et on entretient
pendant plusieurs jours un feu sous les reins de
l'accouchée, de façon à la chauffer aussi fort que
possible sans la brûler et sans la cuire. A quoi
rime cette dernière coutume ? Il est difficile de se
l'expliquer. Elle est d'une barbarie qui tranche avec
les habitudes de douce civilisation de cette race.
Il est à présumer que la faiblesse de constitution
des Annamites et le petit nombre d'enfants existant
dans chaque ménage doivent tenir à ces pratiques
absurdes qui sont si contraires aux lois ordinaires
de la nature.

Les *funérailles* annamites se font d'après le rite
chinois. Le mort est placé dans un cercueil massif
acheté depuis longtemps et conservé comme une
sorte de meuble de famille ; puis on le porte dans
un magnifique corbillard, miroitant de dorures et
d'ornements criards, et tellement lourd qu'il faut
plus de 40 personnes pour le faire mouvoir. Les
parents et les amis accompagnent le corps ; des
musiciens, jouant du tamtam et de la flûte, font

un vacarme étourdissant, peu en harmonie avec
la tristesse de cette lugubre cérémonie. Comme les
Annamites n'ont point de cimetière proprement dit,
le mort est enterré dans la campagne. Les environs
de Saigon, la *Plaine des Tombeaux*, sont remplis de
monuments funèbres que l'on a toujours respectés
depuis la conquête. Ils ressemblent à des sphynx
accroupis, en brique ou en terre. Quelquefois ils
prennent les proportions d'une véritable pagode.

Le deuil se porte trois ans en vêtements blancs.
Pendant ces années, les veufs se privent de toute
réjouissance et montrent une douleur profonde de la
perte de celui qui n'est plus.

La cérémonie *du Têt* ou du premier jour de l'an
est très brillante et peut passer pour la fête nationale
des Annamites. Elle dure de trois à quinze jours. A
cette occasion, les Annamites de toutes les classes
déploient un luxe de vêtement incroyable et se
livrent à tous les divertissements en plein air:
théâtres, banquets, feux d'artifice, balançoires,
visites mutuelles. Pour célébrer cette fête avec
toute la pompe qu'elle comporte, les Annamites
conservent plusieurs mois à l'avance leurs économies. S'ils sont trop pauvres, ils vendent à bas prix
les quelques objets de valeur susceptibles de leur
procurer un peu d'argent. Ce jour-là tout le monde
doit être en liesse ; le travail est abandonné; la do-
mesticité même fuit les maisons où elle est en service.

La fête du *Génie protecteur* est plus intime et plus locale. Chaque village a son génie particulier auquel on élève un temple. C'est à lui qu'on s'adresse pour demander de la pluie, quand la sécheresse se prolonge ; on le consulte pour le choix de l'emplacement d'une case à bâtir. Des devins ou sorciers sont les prêtres de cette Divinité ; ils s'occupent aussi de médecine et soignent leurs malades avec des exorcismes et des amulettes.

La maison des riches Annamites est fort simple comme architecture ; on y trouve peu de luxe et de confortable à l'intérieur. Les pauvres, qui sont presque tous agriculteurs ou pêcheurs, habitent de petites cases en bois d'aréquier recouvertes de feuilles, bâties habituellement sur pilotis dans le voisinage des cours d'eau, pour se mettre à l'abri des inondations périodiques provoquées par les crues des grands fleuves. Le mobilier de ces misérables cabanes se compose de cadres recouverts de nattes servant de lits, d'un coffre pour serrer les effets et d'ustensiles en terre pour cuire les aliments. L'Annamite, l'homme du peuple, ne tient ni à sa maison, ni à son bien-être intérieur ; il préfère ses champs, ses animaux, la vie au grand air. Il ne vient chez lui que pour manger et pour dormir. Les villages annamites sont des cloaques immondes où bêtes et gens vivent dans la vase ; les enfants, les porcs, les buffles s'y vautrent toute la journée

avec délices. On se demande comment des êtres
humains peuvent conserver leur existence dans un
milieu pareil et sous un climat aussi chaud. Et il
est à remarquer que les habitants des campagnes
ne sont point aussi débiles que ceux des villes,
malgré les conditions anti-hygiéniques qui les entourent.

L'Annamite est sobre : sa nourriture se compose
de riz cuit à l'eau sans sel, de poisson et de viande
de porc. Le tout est assaisonné d'une sauce à odeur
très prononcée, connue sous le nom de *nuoc-mam*,
dont tous les Annamites, riches ou pauvres, font un
usage quotidien. Le nuoc-mam fait l'objet d'un commerce considérable non seulement en Cochinchine,
mais au Cambodge, au Tonkin, dans l'Annam et
jusqu'en Chine. Sa préparation est assez longue
et demande de grands soins. On choisit, à une
certaine époque de l'année, une espèce particulière
de petits poissons et de chevrettes qu'on enferme,
après les avoir pétris et malaxés à la main, dans
des pots en terre bien bouchés. Ceux-ci sont enfouis
dans le sol à une certaine profondeur et y restent
six mois. Au bout de ce temps on les retire de la
terre, on enlève la couverture et on décante avec
précaution une huile limpide surnageant un résidu
occupant le fond du vaisseau. L'odeur de cette huile
rappelle tout à la fois celle de la sardine et de la
morue ; son goût se rapproche beaucoup de celui

de l'anchois. Les européens ont d'abord une répugnance très grande pour cette préparation indigène ;
mais ils s'y habituent bien vite. Et l'on cite des
missionnaires qui s'y étaient si bien accoutumés
qu'ils étaient obligés d'apporter leur provision en
France quand ils quittaient la colonie.

L'Annamite mange peu à la fois, mais souvent.
Entre les repas il se bourre de sucreries, de canne
à sucre et mâche son éternelle chique de bétel qui
lui est aussi indispensable que l'opium aux Chinois
et le tabac aux Européens. Hommes et femmes du
peuple, mandarins et lettrés, tout le monde dans
l'Annam se livre à cette mastication désordonnée
qui échauffe la bouche, colore les dents en noir et
provoque un afflux de salive rougeâtre dont les
traces dégoûtantes souillent les lieux fréquentés par
les Annamites.

Pour faire une chique on prend une feuille de
poivre bétel, dont le goût est piquant et aromatique,
on y étend un peu de pâte de chaux coquillère et
on saupoudre le tout de râpure de noix d'arec,
fruit d'un joli palmier mince et élancé. Cette noix
est très astringente et contient un tannin analogue
à celui du cachou. Cela fait, on roule la feuille
contenant ces ingrédients en forme de pelote et on
la mâche lentement. Au contact de la salive et à la
suite des réactions qu'exercent l'un sur l'autre les
trois produits mélangés et mastiqués, il se produit

un liquide rouge de sang. Quelle est l'origine de cette singulière habitude que l'on trouve répandue jusque dans l'Inde ? Nul ne le sait ! Elle ne dispense même pas les Annamites d'un autre vice que les Chinois leur ont importé et dont je crois nécessaire de dire quelques mots.

L'habitude de fumer l'opium existait en Cochinchine depuis longtemps quand les Français s'y établirent. Aussi, loin de chercher à la combattre, ce qui eût été parfaitement inutile et impolitique, ils préférèrent en tirer profit et aujourd'hui l'impôt frappé sur la vente de l'opium rapporte à l'Administration une somme nette de 10 à 12 millions par an.

L'opium ne se fume point tel qu'on le recueille, dans les pays de production, à l'aide d'incisions faites sur la capsule arrivée à un certain degré de maturité. Il doit subir, avant d'être acheté par les fumeurs, une assez longue et minutieuse préparation qui est monopolisée par des ouvriers chinois venus de Canton. On fait d'abord un premier extrait avec l'opium brut divisé, traité par l'eau, puis évaporé. Cet extrait est légèrement torréfié dans des vases coniques en cuivre mince, puis repris par l'eau à laquelle on mêle une certaine proportion d'opium recueilli dans les culots des pipes chinoises. On rapproche cette mixture et on la coule dans des pots en grès d'une forme et d'une dimension particulières. Sous cet état, l'opium des fumeurs est un liquide

noirâtre, sirupeux, filant, doué d'une odeur
agréable.

Les ustensiles nécessaires au fumeur d'opium sont
plus nombreux et plus compliqués que ceux du
fumeur européen. Ils se composent d'abord d'une
pipe à fourneau de cuivre minuscule fixé sur la
paroi d'un long et gros tuyau à large ouverture, terminé par un bout d'ambre, puis d'une aiguille dans
le genre des aiguilles à tricoter, d'une petite lampe
à huile de coco et d'un pot d'opium. Le tout
est placé sur une table ; et près de celle-ci se
trouve un lit bas sur lequel se couche le fumeur.

L'opérateur prend avec son aiguille gros comme
un pois environ d'opium qu'il soumet avec précaution à la chaleur de la flamme de sa lampe, en
tournant vivement la matière fluide pour l'empêcher
de tomber. Quand elle a pris une consistance assez
dure, elle est introduite avec force dans le fourneau
de la pipe, que le fumeur présente aussitôt à la
lampe ; il aspire fortement les vapeurs opiacées qui
entrent dans ses poumons et sont rejetées lentement
par les narines. Au bout de trois ou quatre aspi-
rations tout au plus, la provision d'opium est épuisée.
Le fumeur débourre sa pipe, recueille soigneusement
le résidu qui lui est acheté par la régie, et recom-
mence une fois, deux fois, trois fois son opération, jusqu'à ce que le sommeil le prenne. Il tombe
alors sur son lit comme une masse inerte, sa face

devient pâle ; ses traits expriment tout à la fois
la fatigue et la béatitude. Ce sommeil dure tantôt
une heure, tantôt moins. Le fumeur se réveille
abruti, lassé, dégoûté de son vice..., mais il ne
tarde pas à recommencer jusqu'à épuisement de
ses forces et de son être.

Les riches fument jusqu'à 8 et 10 fr. d'opium
par jour. Les pauvres sont obligés de régler leur
vice, en raison du haut prix de cette drogue malfai-
sante.

Les Chinois et les Annamites ne sont point les
seuls à fumer l'opium ; beaucoup de Français se
sont laissés aller à cette habitude et un certain
nombre en abusent au point de se détraquer complé-
tement l'estomac et d'arriver à une sorte d'hébétude,
avant-coureur de la décrépitude intellectuelle que
l'abus de l'opium entraîne après lui.

Pour en finir avec les mauvaises habitudes indigènes, je dois citer encore la passion, assez modérée
du reste, que les Annamites ont pour l'eau-de-vie
de riz, appelée *schoum schoum,* en Cochinchine. Cette
boisson obtenue par la fermentation d'une espèce
particulière de riz, a un goût très âcre et très
empyreumatique que nos gosiers européens ne sau-
raient jamais supporter.

Au point de vue du caractère, le peuple annamite
est gai, spirituel, léger, moqueur et superficiel. Il
a beaucoup des défauts et des qualités de notre

race ; aussi se laisse-t-il facilement assimiler par ses vainqueurs. Les Annamites se moquent de nous tant qu'ils peuvent quand ils sont entre eux; ils nous tournent en ridicule et se permettent d'irrévérentieuses chansons sur leurs nouveaux maîtres. Néanmoins, ils supportent notre joug sans se plaindre ; ils acceptent nos idées et se plient à notre discipline. Grâce aux nombreuses écoles que nous avons établies sur toute la surface de notre conquête, la nouvelle génération apprend notre langue et écrit la sienne en caractères alphabétiques modernes, ce qui est un progrès immense pour l'intelligence de la littérature annamite.

A Saigon, le collège Chasseloup-Laubat instruit un grand nombre de jeunes gens annamites des meilleures familles, qui deviennent plus tard interprètes, employés de bureau. Plusieurs lettrés annamites sont professeurs dans cette utile institution ; le plus remarquable d'entre eux est M. Petrusky, ancien élève des Jésuites, lettré fort instruit, connaissant à fond le français et plusieurs autres langues européennes, auteur d'ouvrages historiques remarquables. C'est un des hommes les plus fins et les plus distingués que j'ai vus en Cochinchine.

En résumé, le peuple annamite est doux, facile à conduire, très civilisé, doué de grandes vertus domestiques. Traité avec douceur, il s'attachera à nous parce que nous leur apportons des sentiments de justice, de liberté et d'impartialité auxquels leurs mandarins ne les avaient point habitués.

La race annamite revendique une très ancienne origine. Si l'on en croit les annales chinoises, elle habitait le Tonkin, vers l'an 2874 avant Jésus-Christ. L'histoire de ce peuple n'est qu'une longue lutte avec les Chinois. Tantôt vaincus, tantôt vainqueurs, les Annamites avaient à peu près reconquis leur indépendance et ne conservaient vis-à-vis de la Chine qu'un faible lien de vassalité, lorsque nous sommes venus chez eux, il y a trente ans, pour les soumettre à notre joug ou les faire passer sous notre protectorat.

La littérature annamite, dont nous tenons à dire quelques mots, a dû se ressentir naturellement du voisinage de la Chine et s'imprégner de son esprit. La langue que l'on parle dans tout l'Annam et l'écriture dont on fait usage ont des rapports étroits avec celles des Chinois. C'est une langue monosyllabique qui ne comporte pas de grammaire. Elle supplée aux flexions par des exposants groupés autour de la racine et possède des intonations excessivement variées. Elle passe pour ne pas avoir de grandes qualités littéraires et se prête difficilement à la traduction de tous les mouvements du cœur et de tous les caprices de la pensée.

Les mètres en usage dans les compositions poétiques annamites varient de deux à sept pieds ; c'est

le rythme principalement qui fait l'harmonie du vers
annamite, la quantité et la rime ne viennent qu'au
second rang.

Je choisis, au hasard, dans un recueil de poésies
annamites, publié par M. Villard, inspecteur des
affaires indigènes, au travail duquel je fais de nombreux emprunts, la traduction d'une poésie annamite
qui me paraît empreinte d'une tendresse naïve et
touchante :

« O mon cher amant, mon cœur est rempli d'affliction,
» A cause des serments que nous nous sommes faits ;
» Je ne sais ce que je vais devenir.
» Depuis notre séparation, ma douleur est cruelle ;
» Les jours, les mois passent : voilà déjà trois saisons !
» La pluie et le vent augmentent ma tristesse, en me faisant
[songer à ton éloignement.
» Mais je garderai toujours la foi jurée,
» Et quoi qu'il arrive, je te resterai fidèle. »

Les chants satyriques et les épigrammes abondent
dans la poésie annamite : les proverbes, les dictons
populaires y sont aussi nombreux que dans notre
langue et offrent à peu près la même analogie.

Les deux poèmes les plus populaires sont, sans
contredit, le *Luc van tien* et le *Tuy-Kieu*. Le premier
est une véritable épopée que tout le monde sait par
cœur, et dont on entend chaque soir psalmodier
des passages dans les moindres chaumières.

L'auteur du *Luc van tien*, dit M. Villard, est

inconnu, c'est peut-être l'œuvre d'un de ces *Aèdes* des premiers âges, qui chantaient leurs compositions littéraires sans les fixer par l'écriture. C'est une œuvre admirable et vraiment digne de la popularité dont elle jouit. Le héros du poème est un simple homme du peuple qui s'élève, par l'étude de la philosophie, au-dessus de ses semblables. Il passe par toutes les épreuves physiques et morales qu'il soit donné à un être humain de subir ; lutte contre tous les maux, toutes les passions, sans jamais se laisser abattre et arrive après de longues années de souffrances et de tribulations à l'immortalité. N'est-ce pas là une des plus vastes et des plus étonnantes créations que la pensée humaine puisse concevoir !

Le poème de *Tuy-Kieu* est bien inférieur à celui-ci ; c'est plutôt un roman naturaliste, contenant des détails très obscènes et à peu près intraduisibles en français. Il s'agit d'une jeune fille qui quitte la maison paternelle et à laquelle il arrive toute espèce d'aventures. Elle tombe, se relève, retombe encore et finalement devient bonzesse et consacre le reste de sa vie à des pratiques pieuses pour effacer les débordements de ses jeunes années.

L'ouvrage entier est écrit en langue chinoise, ce qui le rend incompréhensible pour le vulgaire. C'est probablement à son obscurité même qu'il doit sa popularité, car chacun y trouve ce qu'il veut trouver et accommode aux caprices de son imagination le sens ténébreux de tous les mots à double entente qui y fourmillent.

Les Annamites n'ont aucun sentiment musical, ils chantent faux et jouent sur la flute des airs nazillards dépourvus de toute harmonie. Ils sont néanmoins susceptibles de recevoir une éducation musicale, car j'ai entendu des enfants et des jeunes filles chanter dans les églises des cantiques d'une voix assez juste.

La peinture se réduit pour eux à la reproduction de personnages d'une laideur repoussante et abominablement enluminés; ils exécutent aussi des scènes de supplices qui font plus honneur à leur imagination qu'à leur talent. C'est à faire dresser les cheveux sur la tête.

Ils sculptent le bois avec assez d'adresse. J'ai vu quelques bahuts faits par des Annamites fort bien fouillés et attestant beaucoup de goût et d'habileté.

CHAPITRE V.

———

CLIMAT.

Une des questions qui doivent le plus intéresser ceux qui sont destinés à habiter la Cochinchine, c'est celle qui a trait au *climat* et à la *salubrité* de cette contrée. La connaissance des faits qui s'y rapportent aura évidemment une influence considérable sur leur santé. Ayant une idée générale des conditions climatériques du pays, des maladies régnantes, des précautions à prendre pour éviter, dans la mesure du possible, les dangers qui menacent tout européen qui vient vivre sous ce ciel si différent de celui de la mère-patrie, ils se conformeront plus facilement à des règles hygiéniques et à un genre de vie dont la sévère application peut seule assurer une bonne santé relative.

Je vais donc m'efforcer de résumer, en quelques pages, les notions que j'ai recueillies sur la climatologie de la Cochinchine.

Le climat et la salubrité d'une contrée dépendent d'un grand nombre d'éléments qui tous ont leur importance.

Ce sont : la situation géographique du pays, la nature de son sol et de ses eaux, la température, les vents dominants, le régime des pluies, l'état électrique, etc., toutes circonstances qui exercent sur la santé de l'européen une influence bonne ou mauvaise. Cela revient à dire que pour bien connaître un climat il faut étudier les *milieux*, c'est-à-dire le *sol*, les *eaux* et *l'air atmosphérique.* Cela fait nous résumerons ces observations de détail et nous en tirerons des conclusions relativement à la salubrité de la Cochinchine et à l'acclimatement de l'européen dans cette contrée.

1° *Situation géographique.* — La Cochinchine française , désignée par les Annamites sous le nom *Gia-Dinh*, a la forme d'un vaste quadrilatère constituant la pointe Sud de la presqu'île de l'Indo-Chine.

Elle est baignée à l'Ouest, par le golfe de Siam, à l'Est, par la mer de Chine.

Le royaume de Cambodge la borne au N.-O. Au N. et au N.-E, existent de vastes forêts habitées par des tribus indépendantes, désignées généralement sous le nom de sauvages *Stiengs* ou de *Moïs*, qui séparent la Cochinchine de la province annamite de *Binh-Thuân*, que les derniers traités passés avec l'empereur d'Annam, par M. Harmand, avaient concédée à la France.

La superficie de la Basse-Cochinchine dépasse 60,000 kilomètres carrés. Elle est située entre le 102° et le 105° 11' de longitude Est, et les 8 et 11° 30' de latitude Nord.

La Basse-Cochinchine est arrosée par deux grands fleuves principaux : le *Donaï* et le *Mékong* ; par des rivières secondaires : celle de *Saigon*, le *Vaïco oriental* et *occidental*, et par un grand nombre de cours d'eau de moindre importance, que l'on désigne sous le nom d'*Arroyos*.

Au point de vue hydrographique, elle peut être divisée en deux grands bassins : celui du *Donaï* et celui du *Mékong*.

Le *Donaï* prend sa source dans le pays des Moïs, au-dessus de la province de Bien-hoa. Il se compose de quatre fleuves profonds, quoique de peu d'étendue, parallèles entre eux pendant la plus grande partie de leur cours supérieur et se reliant ensuite deux à deux pour se jeter à la mer par les deux ouvertures du *Soarap* et du *Cangiou*, au cap Saint-Jacques.

La *rivière de Saigon*, qui se confond dans une certaine partie de son cours avec le Soarap, a sa source sur les limites du Cambodge ; elle doit être considérée jusqu'à un certain point comme un affluent du Donaï ; elle est plus profonde et plus navigable que ce dernier fleuve. Devant Saigon, elle mesure 400m de large et 10m de fond.

Deux autres rivières de moindre importance : le *Vaïco oriental* et le *Vaïco occidental,* coulent, la première parallèlement à la rivière de Saigon, la seconde parallèlement au cours du Mékong, et se réunissent au-dessous de *Chôlen* en un seul bras pour se jeter dans la mer. Elles concourent, comme les bouches du Donaï, à former le delta marécageux que l'on rencontre aux environs du cap Saint-Jacques.

Le *bassin du Mékong* a une importance bien plus considérable. Le Mékong est, en effet, un des plus grands fleuves du monde. Il prend sa source dans les montagnes du *Thibet,* traverse les extrémités S.-O. de la Chine, longe toute la partie occidentale du royaume d'*Annam,* le *Laos Siamois ;* passe ensuite dans le *Cambodge* et se partage en trois branches à *Pnom-Penh,* capitale du Cambodge : la première remonte vers l'Ouest et va se perdre dans le grand lac de *Ton Lé-Sap* (Cambodge) ; les deux autres, le fleuve antérieur et le fleuve postérieur, traversent la Basse-Cochinchine et vont se jeter à la mer par cinq embouchures, formant un *delta* d'une vaste étendue, qui tend à s'accroître annuellement. Vers la partie tout à fait inférieure de la

Cochinchine, dans la province de *Rach-gia*, existent encore quelques rivières de peu d'importance.

Le système hydrographique de notre possession est complété par un grand nombre de canaux creusés de main d'homme qui font communiquer plusieurs bras du fleuve entre eux. Les principaux sont : le *canal d'Hâtien*, celui de *Rach-gia*, et l'*Arroyo de la Poste*, près de Saigon.

2° *Sol*. — Le terrain de la Cochinchine est généralement plat ; ce n'est que dans les provinces de Bien-hoa, de Taÿ-ninh, de Baria, de Chaudoc et de Hâtien, que l'on rencontre des reliefs montagneux. Du côté de Bien-hoa, ce sont les dernières ramifications des montagnes du Thibet qui séparent le royaume d'Annam de la vallée du Mékong, les plus hauts sommets ne dépassent pas 600ᵐ d'altitude. A Chaudoc, on aperçoit quelques pics montagneux dépendant de la chaîne des Eléphants, dont l'altitude atteint à peine 3 à 400ᵐ.

Le sol est d'origine alluvionnaire de formation récente. Dans les parties basses, il est argileux ; en s'éloignant de la mer il devient argilo-ferrugineux, puis argilo-siliceux du côté des montagnes.

Quant au *sous-sol*, il est entièrement vaseux ; mais quelle que soit sa profondeur, il a pour base un sol primitif composé de granit. Dans les parties élevées, il est constitué par une sorte de conglomérat argilo-ferrugineux, connu sous le nom de *pierre de Bien-hoa*, qui, primitivement mou et ductile, a la singulière propriété de durcir et de prendre la consistance de la roche quand il est exposé à l'air pendant quelques jours. On s'en sert principalement pour macadamiser les routes.

Les alluvions sont composées de graviers, de sable, de matières organiques et de limons plus ou moins semblables aux argiles, mélangés à des débris marins de toute espèce apportés par les marées.

La formation du sol actuel de la Basse-Cochinchine serait à peine antérieure aux premiers siècles de notre ère. D'après les recherches de M. l'Ingénieur Fusch, qui a visité et étudié le pays en 1882, la partie basse de la Cochinchine était autrefois occupée par la mer ; le *Mékong* avait son embouchure à *Ph'nom-Baché*, village situé aujourd'hui très avant dans les terres. On a trouvé, dans des fouilles, un grand nombre d'objets curieux se rapportant à l'industrie de la pêche. Ce grand fleuve se jetait dans la mer de Chine, formant un vaste golfe limité par le cap Saint-Jacques, d'un côté, et la montagne de l'Eléphant, de l'autre. Il se terminait par une anse étroite occupée aujourd'hui par les grands lacs. Voici par quel mécanisme les eaux troubles et chargées de limon du Mékong sont parvenues en si peu de temps à surexhausser le sol de la Cochinchine, au point où il est arrivé aujourd'hui. Le Mékong, qui a aujourd'hui un parcours de 3,000 kilomètres de longueur, envoie annuellement dans les mers de Chine 1,400 milliards de mètres cubes d'eau, d'après les calculs de M. Fusch. Cette eau ne contient pas moins de 1 gr. de limon par litre, c'est donc plus d'un milliard de mètres cubes de limon déposé annuellement sur les terres de la Cochinchine. Sur une surface aussi grande que la France, cela représenterait une épaisseur de 3 millimètres. Cette accumulation de vase a formé d'abord des barres et des îlots sablonneux qui se sont couverts de palétuviers et qui ont mis obstacle, en un grand nombre de points, au cours régulier des eaux du grand fleuve, ce qui lui a permis de constituer des dépôts de plus en plus épais. Aussi, actuellement, non seulement le sol de la Cochinchine s'accroît en hauteur, mais il tend aussi à s'accroître en étendue dans la partie Sud.

Chaque année, la Cochinchine est soumise, à l'époque de la saison des pluies, en septembre principalement, à une immense inondation qui est due à un phénomène particulier. Les eaux du Mékong augmentent de 12 à 14^m de hauteur pendant l'hivernage ; elles rencontrent le fleuve descendant des grands lacs, à la hauteur de Pnom-Penh ; comme il y a une différence de niveau entre les deux fleuves, les eaux du lac sont refoulées jusqu'à ce qu'il se fasse une sorte d'équilibre entre les deux étiages, c'est-à-dire jusqu'à ce qu'elles atteignent 7 à 8^m.

Alors elles se joignent aux eaux du Mékong, descendent avec lui et provoquent, sur tout leur parcours, l'inondation annuelle qui répand sur la Basse-Cochinchine le limon qui maintient et augmente sa fertilité. Mais ce refoulement des eaux du fleuve qui se rend aux grands lacs du Cambodge a pour conséquence d'envaser ces derniers. Et on peut prévoir l'époque où ces vastes et immenses réservoirs, qui approvisionnent de poisson salé l'Indo-Chine et une partie de la Chine, seront à sec et ne pourront plus servir que de rizières.

Les sondages, qui ont été exécutés sur un assez grand nombre de points de la Cochinchine, ont démontré qu'on ne trouvait, jusqu'à une très grande profondeur, que de la vase constituée par des argiles et des sables. Pour établir des piles de ponts sur les Arroyos que doit traverser le chemin de fer de Mytho à Saigon, auquel on travaille depuis longtemps, on est obligé d'employer des pieux en fer terminés par une vis à pas très large et très évasé. On les enfonce par un mouvement de torsion, comme on le fait d'un tire-bouchon. Il faut souvent traverser 30 et 40^m de vase avant d'arriver à un terrain résistant. Un ingénieur hydrographe, qui est resté quelques années en Cochinchine et qui l'a étudiée au point de vue de la constitution physique de son sol, avait émis l'idée que la Cochinchine pouvait être considérée comme une mer vaseuse sur laquelle flottait une croûte plus ou moins épaisse d'un sol relativement dense et résistant. Il avait remarqué que le fond des rivières et des arroyos affectait la forme ronde d'un *dos d'âne,* ce qui est dû, d'après lui, à la pression exercée de chaque côté des deux rives par la couche solide superficielle du sol sur la vase qui se trouve au-dessous d'elle. La vase, fluide du fond des arroyos, recevant une pression moins forte que celle exercée sur les deux rives, doit tout naturellement subir une élévation, une sorte de bombement qui se remarque dans presque tous les cours d'eau de faible importance. Cette explication n'est point aussi paradoxale qu'elle en a l'air et semble parfaitement en rapport avec le phénomène observé depuis longtemps.

Au point de vue minéralogique, M. l'ingénieur des mines Petiton s'est occupé, de 1868 à 1870, de recueillir des échantillons des principales roches et minerais qu'il a rencontrés dans toutes les provinces qu'il a parcourues.

Il admet trois groupes de roches à structure granitoïde :

1° Montagnes de Bien-hoa et Long-thann, au N.-E. de la Cochinchine, avec terrains sédimentaires ;

2° Montagnes de Tay-ninh, au N. et à l'E., avec massifs de grès ;

3° Montagnes de Chaudoc, au N., et d'Hâtien, à l'O., avec lambeaux de grès massif. Roches argilo-sableuses, quartzites, schistes et calcaire d'Hâtien. Les grès couvrent d'immenses surfaces de terrain ; la grande île de Phu-quoc en est entièrement composée.

On rencontre des mines d'or et de fer dans la province de Bien-hoa ; des mines d'argent dans la province d'Hâtien ; de très belles lignites ou *jaillet* à Phu-quoc, avec lesquelles on fabrique à Saigon de très jolis bracelets. L'argile plastique y est très abondante ; elle sert à faire des poteries communes et des vases d'un travail artistique assez élégant, à *Caï-mai,* dans les environs de Cholen. Le granit blanc, gris, noir, est commun à Baria ; la syénite porphyroïde se rencontre à Nam-Dinh ; la diorite orbiculaire, à Bien-hoa ; le calcaire statuaire blanc et rose à Hâtien.

3° *Eaux.* — La composition des eaux potables a une importance plus considérable en Cochinchine que partout ailleurs, étant donnée la constitution physique du sol et son mode de formation. L'eau peut servir de véhicule à tant de matières organiques nuisibles, à tant d'agents destructeurs de la santé, qu'on ne saurait l'examiner avec assez de soin et rechercher les moyens de la purifier.

Un de mes collègues de la marine, M. Lapeyrère, pharmacien de 1re classe, s'est livré, pendant l'année 1878, à des études fort intéressantes, non seulement sur les eaux de la Cochinchine, mais encore sur celles du Cambodge et du Tonkin. C'est son travail que je vais résumer en quelques mots.

Les postes militaires de la Cochinchine, du Cambodge et du Tonkin sont alimentés par des eaux que l'on peut diviser en *eaux fluviales, eaux de pluie, eaux de source ou de puits.*

Toutes ces eaux sont généralement pauvres en acide carbonique et en chaux. Leur température diffère très peu de celle de l'atmosphère.

Les eaux pluviales et les eaux de puits sont claires, mais celles des fleuves sont louches et jaunâtres, en raison des matières argilo-ferrugineuses qu'elles tiennent en suspension.

Elles sont presque toutes pourvues de matières organiques et organisées de nature végétale (conferves du genre *palmella* ou *zooglea, algues jaunâtres, matières granulaires gélatineuses,* en forme de filaments ou de plaques découpées sur les bords). Ces matières sont susceptibles de se décomposer au bout de peu de jours ; elles rendent l'eau nauséabonde et sulfhydrique. Les eaux de la caserne d'infanterie et du château d'eau de Saigon qui alimentent la ville sont les meilleures et les plus pures. Elles ne renferment que 4 à 5 milligr. de matières organiques par litre.

Le degré hydrotimétrique des eaux de puits et de source oscille entre 3° et 8°, celui des rivières est de 10° à 11°. La rivière de Saigon atteint 32°

et 43°. Le faible degré hydrotimétrique des eaux des fleuves prouve que ces immenses cours d'eau proviennent en grande partie de la fonte des neiges des montagnes du Thibet. Cette raison explique également leur manque presque absolu d'air et d'acide carbonique.

Les eaux des puits et des sources diffèrent telle-ment peu des eaux pluviales, quant à leur composi-tion chimique, qu'elles semblent plutôt dues à la pénétration dans le sol des eaux de fleuves par fissure souterraine qu'à la filtration régulière des eaux de pluie à travers les couches du sol. La limpidité de ces eaux est due à l'état de repos dans lequel elles se trouvent une fois arrivées sur la couche imperméable souterraine.

La quantité de matière fixe par litre varie entre 0gr,04 et 1gr,37. Dans les bonnes eaux potables, elle est, en moyenne, de 0gr,15.

Quand on veut purifier les eaux qui ne paraissent pas être assez claires pour être bues, on peut y arriver par deux moyens : 1° par *l'ébullition ;* 2° par *l'alunage,* à raison de 10 à 15 centigrammes d'alun par litre, suivi de la filtration.

Les eaux qui peuvent être bues sans alunage ni filtration, sont celles de Saigon, de Cholon, de Tong-Keou, de Bien-hoa et Tay-ninh.

Celles qui .demandent quelquefois l'alunage et la filtration sont celles de Poulo-Condor et de Barria.

Enfin toutes les autres eaux des diverses localités de la colonie ont toujours besoin d'être alunées et filtrées.

En outre de ces deux opérations, l'ébullition devrait toujours être employée, afin d'avoir la certitude que les germes et les matières organiques qui s'y trouvent ont été détruits.

Voici le tableau de l'analyse de toutes ces eaux :

LOCALITÉS.	DEGRÉ hydrotimétrique.	MATIÈRES organiques par litre.	MATIÈRES minérales par litre.
Saigon. { caserne d'infanterie ...	6°	0gr 004	0gr 085
château d'eau.........	8°	0 015	0 212
rivière..............	37°	»	»
Mytho, rivière.............	8°5	0 030	0 353
Bentré, id.	10°5	0 047	0 352
Cantho, id.	8°5	0 030	0 165
Vinlong, id.	8°	0 020	0 117
Chaudoc, id.	5°5	0 015	0 075
Pnom-Penh, id.	5°5	0 022	0 079
Hatien, puits.............	5°	0 040	0 084
Long-Xuyen, rivière..........	6°	0 018	0 040
Travinh, puits.............	29°	0 018	1 196
Soctrang, id.	11°	0 008	0 306
Cholen, rivière............	8°	0 009	0 034
Barria, puits.............	4°5	0 010	0 350
Poulo-Condor, id.	5°	0 010	0 080
Bien-hoa, id.	6°	0 008	0 054
Tayninh, id.	8°	0 008	0 059
Quinonh, id.	7°	0 015	0 110
Hai-Phong, id.	5°	0 015	»

4° *Météorologie.* — Il existe, en Cochinchine, deux saisons bien tranchées :

1° Une *saison sèche,* de novembre à avril, caractérisée par une absence presque complète de pluie, un abaissement de température notable et une mousson de N.-E. relativement fraîche.

2° Une *saison humide,* de mai à octobre, caractérisée par des pluies abondantes, des orages fréquents, une chaleur étouffante et humide et de faibles vents de S.-O.

La moyenne de la *température* peut être représentée par les chiffres suivants :

Saigon, capitale de la Cochinchine..... 27°01
Pnom-Penh, capitale du Cambodge.... 27°44
Haï-Phong, capitale du Tonkin........ 24°56

Plusieurs observateurs considèrent la moyenne de la température de Saigon comme atteignant de 28 à 29°, mais ces chiffres nous paraissent exagérés.

Les maxima et minima extrêmes observés dans ces trois localités sont :

	Maximum extrême.	Minimum extrême.
Pour Saigon..............	35°	18°
Pour Pnom-Penh..........	35°8	10°4
Pour Haï-Phong..........	36°8	9°8

C'est en janvier qu'on observe les températures les plus basses, et en avril et mai les températures les plus élevées. Pendant ces deux derniers mois les

chaleurs sont atroces, la mousson de N.-E. est terminée, celle de S.-O. n'est pas encore établie ; on ne
ressent aucune brise, la moyenne de la température
est de 29 à 30° jour et nuit, l'état électrique de
l'atmosphère est à son maximum de tension ; Saïgon
devient, à cette époque, une véritable fournaise. On
soupire après les premières pluies qui amènent, il
est vrai, de violents orages, mais du moins mettent
fin à ces chaleurs terribles qui provoquent des con-
gestions chez les gens sanguins et jettent les gens
nerveux dans des états d'agitation difficiles à supporter pendant longtemps.

Au Tonkin, les chaleurs de juin et de juillet sont
peut-être plus élevées qu'en Cochinchine, mais elles
ne durent que quelques mois. A partir d'octobre
jusqu'en mai, on jouit d'une température très modérée et qui s'abaisse tellement en plein hiver qu'on
est obligé d'avoir des cheminées dans les appartements et d'y faire du feu. Dans les parties plus
élevées et plus éloignées du Delta, le froid s'y fait
sentir bien plus vivement ; aussi le Tonkin devien-
dra-t-il pour les Européens un séjour acceptable et
supportable, conditions que la Basse-Cochinchine ne
remplira jamais pour notre race.

Le nombre moyen de jours de *pluie* est, pour
Saïgon, de 160, représentant 1 m. 48 cent. de hauteur de pluie.

Les mois où il pleut le plus sont ceux de juin,

juillet et de septembre. Pendant mon séjour en Cochinchine, j'ai constaté 29 et 30 jours de pluie pendant ces mois-là. En août existe une petite saison sèche qui dure 15 à 20 jours, puis les pluies reprennent jusqu'en octobre.

La quantité de pluie qui tombe à Pnom-Penh et à Haï-Phong semble être plus considérable que celle qui tombe à Saigon ; je n'ai pas de moyennes assez certaines pour pouvoir les insérer.

Dans un pays aussi humide que la Basse-Cochinchine, le psychromètre doit donner des chiffres constamment élevés. Il oscille entre 73, en mars, et 94, en octobre. La moyenne annuelle est de 80. Pendant la saison des pluies, l'air est tellement saturé *d'humidité,* que l'on vit au milieu d'une buée chaude qui pénètre partout. Les vêtements en sont imprégnés. Les chaussures et tout ce qui se rapproche plus ou moins de la composition du cuir se couvrent du jour au lendemain d'une abondante et épaisse couche de moisissure verdâtre qui ne disparaît qu'à la saison sèche.

La Cochinchine est par excellence le pays des *orages.* C'est là que ces météores se montrent dans toute leur terrifiante beauté. Pendant les mois d'avril et de mai on n'a que des orages avortés, le ciel se couvre toutes les après-midi de sombres nuées chargées d'électricité, la chaleur est suffocante ; pas la moindre brise pour rafraîchir l'atmosphère ; mais rien n'éclate, le lendemain matin le soleil apparaît dans toute sa splendeur et l'orage menace de nouveau dans l'après-midi. C'est vers la fin de mai et pendant le mois de juin principalement que le ciel de Saïgon est mûr par les orages. Ils débutent généralement et brusquement par un grand arc gris ardoisé, affectant la forme du *grain dit de Sumatra ;* des nuées noires comme de l'encre, roulant les unes sur les autres, amènent une violente raffale accompagnée d'éclairs fulgurants. Le ciel semble s'ouvrir en une mer de feu ; ce ne sont pas les maigres éclairs en zigs-zags des orages de nos contrées, ce sont des nappes électriques qui jaillissent en tous sens et boule-versent les nerfs de tous ceux qui ne sont pas habitués à ces opulentes décharges du fluide orageux. Mais bientôt le tonnerre gronde, éclate avec un fracas épouvantable, les coups se succèdent sans interrup-tion, tantôt stridents et imitant le déchirement d'une immense feuille métallique qui affecte péniblement l'oreille, tantôt pleins d'ampleur et de sonorité comme si les titans déchargeaient sur notre globe de gigan-tesques pièces d'artillerie. Aveuglé par les éclairs, assourdi par le fracas du tonnerre, énervé par l'inten-sité électrique, on ne sait où se réfugier pour échapper à la terreur de cet émouvant spectacle qui glace d'effroi les cœurs les plus intrépides. Enfin les cata-ractes du ciel s'ouvrent à deux battants, la pluie se déverse à torrents, la foudre tombe sur quelque édifice ou s'éloigne, et la fraîcheur de cette ondée bienfaisante vous tire de l'état de prostration où l'on se trouvait depuis le début de l'orage.

Ordinairement ce phénomène météorologique dure 2 à 3 heures ; mais il se renouvelle souvent. On compte en effet, bon an mal an, 70 orages à Saigon.

La fréquence de ce météore et le danger qu'il fait courir aux habitations ont obligé tous les propriétaires de maisons de Saigon à faire mettre des paratonnerres sur leurs toits ; c'est peut-être la ville du monde qui contient le plus de paratonnerres. Les accidents ne sont pas rares dans les campagnes et l'on cite annuellement beaucoup de cas de morts survenues chez les Annamites ou parmi les troupeaux de buffles.

Saigon, se trouvant assez éloigné de la mer, ne ressent que des brises relativement légères. L'absence d'un anémomètre n'a pas encore permis de constater l'intensité des *vents* régnants et le nombre de mètres qu'ils parcourent par seconde. A en juger par mon expérience personnelle, les brises de Saigon ne doivent pas parcourir plus de 2 à 5 mètres par seconde. Sauf, cependant, pendant les grains et les bourrasques qui ne durent que quelques heures il est vrai, mais qui soufflent avec assez de violence pour renverser des paillottes et casser de grosses branches d'arbres.

Les oscillations du *baromètre* sont assez faibles en

Cochinchine. Elles varient entre 757 millimètres et 761 millimètres, la moyenne déduite de plusieurs années d'observations est de 759,50. Cela résulte de ce que les typhons n'exercent pour ainsi dire aucune influence sur la Cochinchine ; c'est à peine si le cap Saint-Jacques et les côtes de l'Annam en ressentent quelquefois les atteintes.

J'ai inséré, dans le tableau suivant, les observations météorologiques dont je viens de faire une énumération abrégée.

Tableau.

MÉTÉOROLOGIE. — Moyennes de sept années (1874-1880.)

MOIS.	TEMPÉRATURES.			Pluies en millimè-tres.	Degrés hygromé-triques.	Baromètre à 0o.	Ozonomètre.
	Maxima.	Minima.	Moyenne.				
Janvier......	29o07	21o63	25o25	23m/m7	78o00	762o7	7o3
Février......	30o77	23o08	26o65	2m/m8	69o31	762o7	5o2
Mars........	32o53	24o44	28o24	17m/m1	69o17	762o7	4o8
Avril	32o23	25o25	28o27	73m/m6	78o96	761o4	3o8
Mai	33o17	25o57	28o54	139m/m4	81o22	760o9	3o7
Juin	29o91	25o01	27o25	225m/m5	87o03	760o6	3o8
Juillet.......	29o94	25o10	27o35	215m/m6	85o06	760o2	4o3
Août........	29o63	25o01	27o24	242m/m1	84o68	760o7	4o0
Septembre ...	29o14	24o83	26o93	366m/m3	86o70	760o8	4o2
Octobre	29o25	24o71	26o90	229m/m5	86o54	761o7	3o6
Novembre....	28o90	23o59	26o13	125m/m9	79o87	760o9	5o7
Décembre....	28o51	22o22	25o37	78m/m8	83o35	761o3	6o4
Moyennes et sommes......	30o25	24o20	27o01	1.740m/m4	80o82	761o4	4o7

Salubrité. — Il résulte des études auxquelles nous venons de nous livrer sur la Basse-Cochinchine :

1° Que les terres de cette contrée sont d'origine presque entièrement alluvionnaire, qu'elles sont très basses, marécageuses, noyées à certaines époques de l'année par les crues des grands fleuves qui y laissent un limon en couches plus ou moins épaisses, constitué en grande partie par des éléments organiques susceptibles d'engendrer des miasmes délétères ;

2° Que les eaux que l'on boit dans la colonie sont, sauf celles qui alimentent Saigon, très chargées de matières organiques et d'éléments putrescibles qui nécessitent l'emploi de l'ébullition, de l'alunage et de la filtration pour les rendre potables ;

3° Que les conditions climatériques déduites des observations météorologiques faites sur presque tous les points de la Cochinchine sont généralement mauvaises et débilitantes pour les européens. En effet, une moyenne de chaleur de 27° à 28°, accompagnée d'un état hygrométrique très élevé, d'orages fréquents, de pluies abondantes pendant six mois de l'année et de sécheresse presque absolue pendant les six autres mois, époque où un soleil torride dessèche les terres basses et y provoque des fermentations dangereuses, ne représentent point un milieu favorable à un bon état de santé pour des races habituées aux climats tempérés ;

4° Que si la ville de Saigon, en particulier, offre aux européens un séjour relativement salubre, où toutes les conditions hygiéniques exigées par les pays chauds ont été, en quelque sorte, observées, il n'en est pas de même des autres provinces de la Cochinchine, où les travaux d'assainissement laissent encore bien à désirer. Et en ce qui concerne les Annamites, on peut dire que si un long acclimatement les a rendus aptes à vivre dans un pays où l'existence humaine semblait devoir être si pénible et si difficile, d'un autre côté, les cloaques immondes que ces races habitent doivent avoir non seulement une influence funeste sur leur constitution physique et leur santé générale, mais encore entretenir autour des villes et des lieux habités par les européens des foyers insalubres qui augmentent les détestables conditions climatériques de ce pays.

Jetons maintenant un coup d'œil rapide sur les principales maladies que le climat de la Cochinchine engendre et qui frappent les européens ou les Annamites. Nous trouverons, en premier lieu, parmi les maladies dominantes, le *choléra asiatique*, puis la *diarrhée* et la *dysenterie*, enfin la *fièvre paludéenne*, la *variole*, la *lèpre*, etc., etc.

Le *choléra* visite fréquemment la Basse-Cochinchine. Il y existe à l'état sporadique ou épidémique ; dans ce dernier cas, les épidémies sont presque toujours apportées par les jonques chinoises qui viennent de Batavia, de Singapour ou de Siam. Ce fléau prélève un lourd tribut sur une population peu résistante, eu égard à sa faible constitution et aux misérables conditions dans lesquelles elle vit depuis un temps immémorial. En 1882, j'ai assisté à une épidémie cholérique qui a fait, en trois mois, plus de 20,000 victimes. L'Annamite ne fait presque rien pour combattre cette terrible maladie, il se contente de quelques pratiques superstitieuses ayant pour but d'apaiser la colère des mauvais génies. Le Gouvernement français déploie, dans ces circonstances, un zèle et un dévouement sans bornes. Outre les visites fréquentes des Gouverneurs et des Administrateurs de provinces dans les lieux contaminés, on envoie, dans les villages les plus atteints par le choléra, des médecins de la marine et des sœurs de charité qui soignent les malades et leur distribuent des médicaments. Grâce à ces soins, bien de ce pauvres gens ont été sauvés. Mais partout où notre action bienfaisante ne peut se faire sentir, dans les villages trop éloignés des centres habités par nos troupes, les Annamites meurent presque sans secours. Leur cadavre est souvent abandonné sans sépulture, lorsque la panique se met dans les familles épouvantées, ou bien les morts sont tout bonnement jetés dans les fleuves où ils viennent s'échouer sur les rives et infester les lieux environnants.

Les individus de race blanche sont fort peu atteints

par le choléra ; on cite quelques rares cas de morts
survenus pendant les épidémies si meurtrières pour
les Annamites. Cette immunité tient sans doute au
petit nombre d'européens par rapport à la population
indigène, ou plutôt aux conditions hygiéniques bien
meilleures dans lesquelles ils se trouvent, sous le
rapport de l'habitat et de l'alimentation.

La *diarrhée*, dite de Cochinchine, n'est qu'une
forme atténuée de la dysenterie. Elle en diffère en ce
que la seconde débute toujours par des selles sangui-
nolentes et un état aigu très grave, tandis que la
première présente des symptômes d'embarras gastrique avec selles généralement grises, quelquefois
bilieuses, peu de douleurs d'entrailles, mais une
accumulation prodigieuse de gaz dans l'estomac et
les intestins ressemblant à une véritable fermentation.
C'est la maladie la plus fréquente et la plus redoutable pour l'européen, celle à laquelle nos soldats,
nos marins et nos officiers ont payé le plus lourd
tribut de mortalité, dès le début de notre occupation
en Cochinchine. Aujourd'hui, elle est moins fréquente
à Saigon, grâce aux admirables précautions hygiéniques qu'on a prises et au court séjour de deux
années que l'on fait dans la colonie. Néanmoins,
c'est encore elle qui nécessite le plus de renvois en
France parmi les européens établis dans la colonie.

Quand la maladie est prise à son début et que le
malade est immédiatement soumis au régime lacté,

on arrive quelquefois à l'enrayer. Mais si ce traitement ne suffit pas et s'il y a des rechutes répétées,
il faut quitter la Cochinchine au plus vite ; et ce
n'est qu'après un long traitement en France qu'on
peut se débarrasser à peu près de cette tenace affection qui exerce une véritable dénutrition sur l'indi-
vidu qui en est atteint et lui donne l'apparence
d'un cadavre ambulant.

Quelle est au juste la cause de cette maladie? Elle
provient bien évidemment en grande partie du mauvais fonctionnement du foie. Mais qu'est-ce qui amène
cette perturbation dans l'économie? Est-elle due à
une alimentation trop active ? A la présence d'un
microbe ? ou à l'influence générale et complexe des
conditions climatériques que nous avons déjà indi-
quées ? Nous penchons pour cette dernière manière
de voir. Chaque colonie a, en effet, sa maladie
spécifique qui tient à un milieu spécial. Cayenne a
ses fièvres, les Antilles ont la dysenterie aiguë, le
Sénégal, la maladie du foie, la Cochinchine, sa diarrhée spécifique. Les chercheurs de microbes ont
essayé de démontrer que la diarrhée de Cochinchine
était due à la présence d'une anguillule qu'on avait
rencontrée quelquefois dans les intestins des malades
qui avaient succombé à cette affection. Mais tout
compte fait et après examen plus approfondi, on a
complètement abandonné cette manière de voir.

Il est excessivement rare de rencontrer un européen en Cochinchine qui n'ait jamais été atteint de diarrhée ; le plus grand nombre y est soumis à des rechutes fréquentes que l'on soigne par des méthodes diverses et qui réussissent plus ou moins. Ceux qui sont obligés, par leurs fonctions civiles ou leurs affaires, de résider quand même dans la colonie, se soumettent à un régime dont l'expérience seule, après de nombreux tâtonnements, leur a enseigné le plus ou moins d'efficacité. Les uns ne vivent exclusivement que d'œufs et du lait ; d'autres se privent de viande de bœuf et mangent du riz, des légumes et de la volaille. Celui-ci fait bouillir son eau avant de s'en servir ; cet autre, au contraire, ne boit que de l'eau non bouillie et se prive de vin. On fait également usage d'eaux minérales. Chacun prône sa méthode, mais en réalité la meilleure de toutes est de revenir en France avant que la maladie ne vous ait complètement démoli.

Les Annamites ne sont pas tout à fait exempts de la diarrhée ; néanmoins, il existe chez eux une accoutumance qui leur permet de vivre dans un milieu si peu fait pour les races européennes.

La *fièvre paludéenne* n'est point aussi répandue en Cochinchine que la constitution géologique du pays pourrait le faire supposer au premier abord. A voir surtout les environs de Saïgon où l'on n'aperçoit que des marais et des rizières vaseuses, on croirait que la ville est un foyer à fièvres. Et c'est à

peine si on en constate quelques cas. Cela provient
très probablement de ce que les eaux de rizières et
des arroyos ne sont pas stagnantes et qu'elles subis-
sent à chaque marée les effets du flux et du reflux.
Chose curieuse et tout à fait contradictoire avec nos
idées sur les causes et l'origine de la fièvre, les provinces les plus atteintes par cette maladie sont celles
qui jouissent d'un sol élevé, granitique, couvert de
forêts, comme les provinces de Bien-hoa et le pays
des Moïs. Il règne dans ces régions une véritable
malaria bien plus redoutable que celle des Marais-
Pontins, car il est rare que les européens qui traversent ces contrées ne succombent pas à cette terrible
fièvre des bois. Partout ailleurs, à Cayenne, à
Madagascar, c'est toujours à la suite des déboi-
sements et des défrichements que les fièvres apparaissent et exercent leurs effets pernicieux. J'ai été
bien souvent témoin de ce fait pendant que j'étais
à la Guyane où le séjour des européens dans les
grands bois n'a pour ainsi dire aucune influence sur
leur santé. Explique qui pourra cette anomalie! Je
soumets également à l'attention des médecins le
changement brusque qui s'est opéré à Maurice et à
la Réunion dans l'état sanitaire du pays. Jusqu'en
1869, ces deux colonies n'avaient jamais eu de cas
de fièvre paludéenne. De temps immémorial les fébri-
citants de Madagascar venaient chercher la santé
dans ces deux colonies qui jouissaient d'une salubrité

justement méritée. Brusquement, la fièvre paludéenne, accompagnée de son cortège d'accès pernicieux, jaunes et ictéro-hématuriques, fit son apparition dans ces deux îles sans qu'on puisse assigner à l'apparition du fléau, qui n'a pas cessé de décimer les populations blanches ou de couleur depuis cette époque, les causes classiques du développement de la fièvre dans les pays chauds. On ne pouvait invoquer ni le déboisement, qui avait été opéré cinquante ans auparavant sur une large échelle, ni les marais, ni un changement quelconque dans les procédés de culture, dans la constitution des eaux, dans l'alimentation. Il y a encore là un de ces mystères qu'il sera bien difficile d'élucider. On expliquera sans doute l'apparition de cette fièvre par le transport d'un microbe ; même en s'appuyant sur cette complaisante théorie, il y aura bien des points qui resteront inexplicables.

La *variole* a fait de nombreuses victimes en Cochinchine, avant notre arrivée dans cette contrée. Aujourd'hui, cette affection est tout à fait enrayée depuis que la vaccination a été décrétée obligatoire sur tous les Annamites et que deux médecins de la marine parcourent annuellement toutes les provinces, la lancette vaccinatrice à la main.

Une fièvre de nature épidémique, la *fièvre Dengue* ou courbaturale, fait de temps à autre son apparition en Cochinchine. Elle est excessivement douloureuse, mais elle ne dure que quelques jours et entraîne rarement la mort.

Les maladies de foie sont jusqu'à ce jour inconnues dans notre colonie de l'Extrême-Orient, mais la lèpre, les herpès, les ulcères, la syphilis y sont malheureusement très fréquentes sur les indigènes.

ACCLIMATEMENT.

La Cochinchine est-elle un pays habitable pour un européen ? Celui-ci peut-il avoir l'espérance, comme dans nos autres colonies, de s'y établir sans esprit de retour avec sa famille et d'y faire souche de créoles ? Il est difficile de répondre affirmativement à cette question. Tout ce qu'on peut dire, c'est que les essais d'acclimatement tentés jusqu'à ce jour n'ont guère été favorables. Le climat est si débilitant, les femmes européennes s'y portent si mal et s'anémient si vite, les grossesses y sont si pénibles, que jusqu'à présent les fonctionnaires et les commerçants n'ont pu, malgré les plus grandes précautions, des voyages fréquents en France, y séjourner plus de douze à quinze ans. Peut-être, à Saigon même, s'établira-t-il plus tard une sorte de sélection parmi les couples les plus robustes, les plus sobres et les plus énergiques qui constitueront une souche de créoles ayant les aptitudes désirables pour vivre dans ce pays ! La Guyane a pu, malgré des conditions climatériques à peu près semblables, permettre à des européens de s'y acclimater et de fonder quelques familles créoles assez clairsemées et peu robustes. Mais je crains bien que la Cochinchine ne reste une colonie de passage comme l'Inde où les fonctionnaires et les commerçants viendront s'établir temporairement, les uns pour s'y faire une position, les autres pour y faire fortune. Cependant les Indes Néerlandaises ne jouissent pas d'un climat plus salubre que la Cochinchine et les Hollandais parviennent à y vivre et à s'y maintenir. L'acclimatement en Cochinchine pour la race blanche est donc encore une question douteuse et que l'avenir seul se réservera de résoudre.

Les hommes jeunes, robustes, peuvent passer impunément deux ou trois ans dans la colonie sans être trop éprouvés, à condition qu'ils ne fassent aucun excès et qu'ils prennent toutes les précautions contre la chaleur et surtout contre le soleil. Il est de rares tempéraments qui résistent au climat pendant de longues années, puis il tombent tout à coup et sont atteints avec d'autant plus de gravité qu'ils ont joui d'une immunité plus grande. A un certain âge, quand on a dépassé la quarantaine et après plusieurs séjours antérieurs dans d'autres colonies, les chances de maladie sont plus fréquentes et la résistance au milieu moins énergique.

C'est parmi les missionnaires et les sœurs de charité que l'on rencontre le plus de gens acclimatés. Il semblerait que la grande régularité de leur vie, la pureté de leurs mœurs, l'absence de passions, les prédi-poseraient à mieux supporter ce climat si débilitant.

Les premiers symptômes d'acclimatement que l'on ressent, quelques jours après son arrivée en Cochinchine, sont habituellement de l'embarras gastrique, disparaissant à la suite d'un purgatif salin ou d'un ipéca. Quelquefois, c'est tout le contraire qui arrive, l'appétit est surexcité, on mange comme un ogre... Mais au bout d'un mois ou deux l'équilibre se rétablit et souvent les premières atteintes de diarrhée surviennent.

Les créoles de Bourbon et des Antilles ne paraissent pas aussi aptes à l'acclimatement que leurs compatriotes de la mère-patrie. On a remarqué que ces derniers, grâce à leur énergie physique et morale plus grande, pouvaient supporter un plus long séjour dans la Cochinchine que leurs compatriotes des colonies.

La race qui semble le mieux s'acclimater en Cochinchine, c'est la race chinoise. Grâce à leur sobriété, à leur manière de vivre, à leur parenté d'origine avec les Annamites, les Chinois y vivent dans d'aussi bonnes conditions que les Annamites. On jurerait même, tant ils sont gras et robustes, qu'ils s'y portent mieux. Race privilégiée entre toutes, que cette race chinoise, et destinée à envahir pacifiquement et commercialement toutes nos colonies de l'Extrême-Orient !

Les règles hygiéniques à suivre par les européens
pour atténuer les inconvénients de ce climat insalubre et pour tâcher d'éviter les maladies qui y
sont endémiques, peuvent se résumer dans les prin-
cipes suivants :

— Habiter des maisons bien aérées, bien dégagées
d'arbres, exposées au nord autant que possible et
pouvant recevoir les brises dans tous les sens. —
Rechercher les hauts de la ville, les appartements
vastes. — Vivre très sobrement, manger du riz, des
viandes blanches, des légumes, boire du thé. —
Consommer peu de viande de bœuf. — Fuir avec
énergie les invitations à dîner, les changements de
régime, les occasions de faire des repas trop copieux
accompagnés de vins capiteux.

J'ai l'intime conviction que si, au lieu de vivre à
l'européenne, comme on le fait en arrivant en
Cochinchine, dans la crainte sans doute de s'anémier,
en se soumettait au régime du pays qui consiste à
manger peu et souvent des aliments d'une digestion
facile, on se porterait beaucoup mieux qu'on ne s'y
porte. On soumet l'estomac et le foie à un travail
qui détraque ces organes. La sobriété et le choix
d'aliments légers et de facile digestion conserveraient
plus de santés que le régime trop succulent que l'on
suit par habitude. Les créoles de nos colonies consomment fort rarement de la viande de bœuf et nos
gros plats européens. Le riz, les légumes, la volaille

et l'eau claire pour boisson suffisent à leur alimentation, et il est plus que probable que le régime contraire serait moins favorable à leur santé. Je considère donc comme une grosse hérésie de continuer à vivre dans les pays chauds comme on le fait en France, et nos médecins de la marine devraient être les premiers à conseiller à ceux qui partent pour les colonies d'abandonner, en y arrivant, leur régime habituel et d'adopter carrément celui en usage dans les pays qu'ils vont momentanément habiter. La Guyane leur offrirait ses savoureuses *pimentades* et la *cassave ;* les Antilles, le *court-bouillon*, la *farine de manhioc* et le *gombo ;* la Réunion, le *riz,* les *brèdes* et le *kari ;* la Cochinchine, le *riz* très clair, la *volaille,* d'excellents *poissons* et le *nuoc-mam* si cher aux palais annamites.

Les missionnaires qui vivent entièrement à l'annamite résistent infiniment mieux et plus longtemps au climat que les européens soumis à une alimentation très substantielle et semblable à celle de France.

Je ne crois pas non plus que les boissons glacées dont on fait un si grand usage en Cochinchine soient des plus salutaires. Le thé, l'eau bouillie et filtrée, les eaux minérales acidules me paraissent d'un emploi plus avantageux. On fait de ces dernières une consommation considérable à Saigon (eaux du Pestrin, eau d'Orezza, eau de Saint-Galmier principalement).

— Porter en tout temps des vêtements de flanelle légère, se couvrir la tête d'un casque et d'un parasol blanc. Faire usage d'une ceinture de flanelle sur le ventre.

— Se servir le plus souvent possible de la voiture pour éviter la marche et la transpiration.

— Les douches et les bains froids sont excellents, mais il ne faut pas en abuser.

— La continence presque absolue est une nécessité sous ce climat débilitant.

— Il est bon de ne pas rester plus de deux ou trois ans de suite dans la colonie, et, quand on a le choix de l'époque du départ, ne jamais arriver en France en hiver. De même, tâcher de ne partir pour la Cochinchine que vers les mois d'août et de septembre, de manière à n'arriver dans la colonie qu'au moment où commence la saison fraîche. Les plus mauvais mois, pour s'acclimater dans le pays, sont avril et mai.

CHAPITRE VI.

—

Je crois en avoir assez dit sur la Cochinchine pour donner une idée suffisamment exacte de ce pays à ceux qui ne l'ont pas encore visité. Il me reste maintenant, pour terminer, à parler des ressources que nos compatriotes peuvent trouver dans cette colonie, au point de vue agricole, commercial et industriel.

J'ai montré que la Cochinchine n'était point, sous le rapport du climat, très habitable pour des européens. Cependant, même en mettant les choses au pire, on peut encore espérer y vivre une douzaine d'années, entre 25 et 40 ans, sans trop se détériorer, en prenant la précaution d'aller se retremper dans la mère-patrie tous les trois ans au moins. Peut-être même de rares privilégiés parvien-

'aront-ils à s'acclimater complètement et à faire souche de créoles? — Mais raisonnons sur l'état actuel des choses et examinons les diverses combinaisons susceptibles d'offrir des avantages sérieux de position ou de fortune à ceux qui viendront s'établir dans ce pays. Commençons par l'agriculture.

Quand on parle d'une colonie nouvelle et fort peu connue de la plupart des Français, on est toujours sûr de rencontrer dans les récits des voyageurs ou dans les notices banales qui en décrivent pompeusement les richesses, cet éternel cliché : « Le pays produit en abondance des cannes à sucre, de la vanille, du tabac, du café, des mines de cuivre, de charbon, d'or, etc., etc. » Le lecteur, affriolé par cet éblouissant étalage de tant de merveilles, se figure qu'on n'a qu'à se baisser pour s'en emparer. Il voit poindre aussitôt des rêves de fortune rapidement acquise !...

Hélas ! que ces brillantes illusions que l'on se forge sur la foi de voyageurs un peu fantaisistes et trop enthousiastes, sont loin de la réalité ! Dans les pays chauds, la culture des plantes industrielles et vivrières exige autant de peine, d'intelligence et beaucoup plus de capitaux que la culture de la vigne, du blé et des autres plantes utiles à l'homme en Europe. Ce n'est pas assez de dire que les plantes industrielles sont susceptibles de pousser dans un pays, il faut surtout faire connaître dans quelles conditions on peut les cultiver et si on aura profit à le faire. Toute la question est là.

La Cochinchine, par sa situation géographique, son climat chaud et humide, représente un milieu très favorable à la végétation de la plupart des plantes tropicales. Mais ce n'est point comme la Guyane, par exemple, dont on n'a jamais su tirer grand parti jusqu'à ce jour, un pays neuf habité par une population très clairsemée, et dans lequel les terres fertiles et les forêts sont pour ainsi dire à qui veut les prendre. C'est une vieille contrée occupée de temps immémorial par unepopulation assez dense et qui tient du Chinois, qui a été autrefois son maître et son inspirateur, une aptitude merveilleuse à cultiver le sol qui la nourrit. Non seulement les Annamites détiennent en qualité de propriétaires ou de fermiers toute la partie fertile des terres de la colonie, mais ils sont arrivés par une longue expérience à faire une culture relativement perfectionnée.

Leur instinct et plus encore peut-être leurs besoins les ont poussé à ne demander à leur sol en grande partie marécageux et soumis périodiquement, chaque année, à de bienfaisantes et fécondantes inondations que le seul genre de culture qui pouvait le mieux lui convenir, c'est-à-dire la culture du riz. Sur **745,000** hectares environ de terre actuellement cultivés dans la Basse-Cochinchine, le riz en couvre à lui seul 613,000 hectares ! Et à mesure que les apports alluvionnaires augmenteront l'épaisseur et étendront la superficie des terres de cette vaste contrée en voie continuelle de formation, c'est la culture du riz seule qui sera appelée à en profiter, aucune autre plante ne pouvant mieux s'adapter à la nature particulière de ces terrains, ni donner des récoltes plus avantageuses, et aucune ne convenant mieux aux habitudes et à la manière de vivre de la population. Déjà la Cochinchine est le grenier d'abondance de l'Annam et d'une partie de la Chine ; elle est appelée à devenir de plus en plus la terre nourricière de la race jaune, lorsque les Annamites auront mis en culture tous les terrains propres à faire des rizières.

Il est évident que les européens qui viennent s'établir en Cochinchine n'auront jamais l'idée de faire concurrence ou de se substituer aux Annamites comme cultivateurs de rizières. Leur santé ne s'accommoderait point d'un pareil travail pratiqué dans des marais aussi insalubres. En outre, il faudrait payer assez cher des terres déjà possédées par des Annamites, et on trouverait parmi les cultivateurs peu d'empressement à seconder des étrangers dans les innovations qu'ils voudraient apporter à la culture de cette plante. D'ici bien longtemps, il sera de toute impossibilité de modifier les habitudes et la routine de la classe agricole. On obtiendra difficilement des Annamites de travailler sur de grands domaines avec l'ordre, la méthode et la discipline européennes. C'est une race essentiellement personnelle et familiale, aimant à cultiver de petites parcelles au milieu des siens et avec les siens, selon les antiques coutumes.

Disons un mot, en passant, de la façon dont se cultive le riz en Cochinchine.

Les rizières sont constituées par des terres noyées, ayant une couche d'eau d'environ 0^m,15 de hauteur, Elles sont plus ou moins étendues et limitées par des chemins étroits en dos d'âne, qui permettent aux cultivateurs et aux buffles qu'ils emploient de circuler librement en tous sens.

Les semis se font chaque année, du 1er au 20 juillet, dans un endroit réservé ; le riz s'y développe en rangs serrés et épais dont la verdure éclatante frappe agréablement la vue. On procède au repiquage 45 jours après, c'est-à-dire du 20 au 30 septembre. Le cultivateur annamite a d'abord préparé le champ qui doit recevoir la jeune plantation ; il l'a débarrassé des herbes parasites et, aidé de ses buffles, y a fait passer la charrue. Alors, dans l'eau jusqu'aux genoux, il fait des trous à l'aide d'un gros piquet pointu en fer et y place au fur et à mesure des touffes de riz qu'il assujettit à l'aide de la vase qui se trouve au pied, et il répète l'opération jusqu'à plantation complète. Il n'y a plus ensuite qu'à herser, empêcher les mauvaises herbes d'étouffer les plants, et remplacer ceux qui ne se sont pas développés. La récolte se fait de décembre à juillet, lorsque les épis sont bien jaunes et se balancent lourdement au sommet de leurs tiges.

Le riz récolté en Cochinchine comprend deux espèces principales : *Le riz gras* ou *gélatineux,* servant à faire des pâtisseries et de l'eau-de-vie par fermentation, et le *riz ordinaire,* qui se divise en un grand nombre de variétés dont la plus estimée est le *riz de Gocong* et de *Cangioc,* au grain rond, gros, dur, régulier et à décortication facile. Le riz étant recouvert, comme toutes les semences de graminées, d'enveloppes adhérentes au grain, a besoin de subir une décortication avant d'être employé aux usages alimentaires. La décortication du riz se fait de deux façons, soit au mortier de bois à bras d'homme, soit par des machines dans des usines perfectionnées. La première méthode est la plus répandue ; elle laisse beaucoup de paille au grain de riz et est extrêmement fatigante. Dans la plupart des cas, l'opération consiste à fouler les grains de riz dans de grands récipients en bois, au moyen de deux gros leviers, en forme de béliers à tête proéminente, qu'on fait mouvoir avec les pieds. L'Annamite chargé de ce dur travail, se tient par les mains à une corde suspendue à une poutrelle du toit, et il se livre

alternativement avec les pieds à une danse rapide
qui a pour but de soulever l'un après l'autre chaque
levier ou pédale qui se trouve devant lui.

Les machines rendent le grain de riz propre
et blanc comme neige, mais la marchandise faisant
plus de frais coûte beaucoup plus cher. Elle est
surtout destinée à l'exportation.

Le riz de certaines provinces de la Cochinchine
est affecté, depuis quelques années, d'une maladie
ou coloration particulière qui ne laisse pas que de
le déprécier quelque peu sur plusieurs marchés.
Sous l'influence de l'humidité ou de certaines causes
qui n'ont pas encore été bien élucidées, deux pour
cent environ des grains de chaque récolte ont une
coloration jaune particulière qui ne disparaît pas au
blanchiment. Ces grains se transforment par la
cuisson en une pâte plus molle que les autres, mais
ils ne semblent pas être pour cela moins nutritifs.
Ce n'est donc qu'une question de nuance, mais
cela suffit pour faire rejeter ces riz de la consommation de certaines régions. Ce petit défaut n'em-
pêche pas néanmoins le riz de la Cochinchine de
s'écouler facilement ; car, en dehors de l'appro-
visionnement nécessaire aux Annamites de notre
colonie, la Cochinchine en exporte pour plus de
35,000,000 de francs.

La production totale atteint 800,000 tonnes.

Le riz sert de base à l'alimentation de l'Annam

et d'une partie de la Chine. On le mange sous forme
de bouillie claire, à l'aide de bâtonnets servant tout
à la fois de fourchettes et de cuillères.

Le riz gélatineux est employé à faire des pâtisseries
lourdes et épaisses et une eau-de-vie très en faveur
chez les Annamites, qui la désignent sous le nom de
Schoum-schoum. On la fabrique en mettant les grains
de riz mouillés dans des jarres avec de la levure provenant d'une opération précédente. Après quelques
jours de fermentation, on distille dans de grossiers
appareils. L'eau-de-vie qu'on recueille ainsi a un goût
très empyreumatique, fort désagréable pour nos
gosiers européens, mais qui fait les délices des
Annamites. On a essayé de fabriquer de l'eau-de-vie
de riz par la saccharification de la semence au
moyen de l'acide sulfurique, suivie d'une fermentation méthodique et d'une distillation à l'aide
d'appareils perfectionnés. Mais, outre que l'opération
n'était pas toujours facile à conduire dans un pays
à température aussi élevée, on obtenait un produit
qui n'avait nullement le goût du schoum-schoum
ordinaire et qui, par conséquent, ne jouissait d'aucune
faveur parmi les Annamites, lesquels tiennent avant
tout à ne point changer leurs habitudes.

Ainsi donc, du côté de la culture proprement dite
du riz, aucun avantage direct à retirer par les européens. La *canne à sucre,* le *tabac,* le *café,* la *vanille,*
le *poivre,* l'*indigo* désignés généralement sous le

nom de cultures industrielles, auront-elles plus de
succès et comporteront-elles l'emploi des capitaux et
de l'intelligence de nos compatriotes ? C'est ce que
nous allons encore rapidement examiner.

La *canne à sucre* est une plante qui exige un sol
riche ameubli, fortement fumé, bien drainé et susceptible d'être largement irrigué pendant la sécheresse. Je ne vois guère en Cochinchine de terrain
qui réponde parfaitement à ces indications. Il faudrait
faire subir aux marécages qui constituent d'excellentes
rizières , une préparation longue et coûteuse, ayant
pour objet de les dessécher, comme on l'a fait à
grands frais à Java, et autrefois à la Guyane. Et
encore dans ces terres basses, spongieuses et
humides malgré tout, les cannes n'y pousseraient-
elles que médiocrement et donneraient des vesous
peu riches ! La canne la mieux acclimatée et la
plus robuste, celle que l'on désigne sous le nom
de *canne annamite,* que les indigènes cultivent pour
la manger crue ou pour en faire un sucre de qualité
tout-à-fait inférieure, est très ligneuse, pauvre en
jus et par conséquent en sucre. Les meilleures
espèces de Bourbon et de Maurice transportées à
Saigon m'ont semblé rabougries et dégénérées. Elles
ne me rappelaient nullement la vigoureuse apparence
de leurs congénères, à leur pays d'origine. De plus,
elles sont affectées du *borer* exactement comme à
Bourbon ; mais cet insecte m'a paru ne point exercer

sur les cannes de Cochinchine les mêmes ravages que sur celles de cette dernière colonie.

Les terres et les cannes ne sembleraient donc point offrir tout d'abord de grands éléments de succès. Mais ce n'est là qu'un des côtés de la question. La main-d'œuvre qui a également une grande importance pour la culture de la canne s'y présenterait dans des conditions particulièrement défavorables. En effet, dans les pays chauds, on peut toujours, à la rigueur, faire pousser des cannes sur n'importe quel terrain, la chaleur, l'humidité et les engrais aidant; mais ce sont les bras qu'il faut trouver et qu'il n'est pas toujours possible de se procurer d'une façon avantageuse.

Jusqu'à présent la culture de la canne, dans les colonies sucrières, s'est faite sur de grands domaines avec des travailleurs étrangers qui s'engagent, moyennant un salaire convenu, à rester trois ou quatre ans au moins sur l'habitation. Ils deviennent, jusqu'à un certain point, la propriété du maître, pendant tout le temps de leur engagement. Et c'est sous la direction et bien souvent sous la férule du commandeur que les engagés sont conduits en bandes sur les champs et à l'usine. Le travail libre fait par les indigènes, qui louent leurs bras pour quelques jours et disparaissent aussitôt qu'ils ont gagné quelque argent, ne peut convenir à un genre de culture qui a besoin d'une grande sécurité sous le rapport de la main-d'œuvre et qui ne peut être à la merci des caprices d'un travailleur libre.

Or, tous ceux qui ont vécu en Cochinchine peuvent-ils conserver le moindre doute à l'égard de la répugnance qu'éprouveraient les Annamites, même les plus pauvres, à s'engager, pour un nombre d'années déterminé, et à se laisser emmener en bandes sur les champs de canne ! Ils consentiraient tout au plus à cultiver comme fermiers une très petite étendue de terrain, et encore obtiendrait-on d'eux très difficilement d'adopter et de suivre les méthodes européennes. — Il faudrait donc de toute nécessité faire venir à grands frais des bras étrangers, ce qui compliquerait encore la situation dont nous avons parlé.

C'est principalement cette difficulté de se procurer une main-d'œuvre à bon marché et dans les conditions toutes spéciales exigées par la culture de la canne, qui a fait échouer les essais de culture qui ont été tentés sur trois points différents, à la *Nouvelle-Espérance,* près de Saigon, à *Bien-Hoa* et à *Lacan* sur le Donaï. Cette dernière usine est la seule qui tienne encore debout grâce à l'intelligente direction de son propriétaire M. Michelot.

Il faut bien dire aussi que la triste situation de nos meilleures colonies sucrières, telles que Bourbon, la Martinique et la Guadeloupe, qui ne manquent ni de capitaux ni de bras, et où, de plus, l'outillage et le savoir-faire des habitants et la bonne qualité des terres et des espèces de canne devraient assurer le succès, n'est pas faite pour encourager les tentatives qui pourraient avoir la Cochinchine pour théâtre. — Le bas prix des sucres, par suite de la concurrence du sucre de betterave, suffirait à lui seul pour para-lyser toute espérance de réussite.

Du reste, si les capitaux français et les efforts de nos compatriotes devaient se tourner vers la culture de la canne, ce n'est point en Cochinchine qu'ils auraient profit à se diriger, mais plutôt vers Mada-gascar ou du côté de notre Guyane si délaissée aujourd'hui sous le rapport agricole. C'est là qu'on trouverait à bon marché des terres convenant à cette culture et à celle de toutes les autres plantes tropi-cales. Il n'y aurait point d'inconnu à craindre. La Guyane a possédé autrefois des sucreries importantes; les arbres à épice, le rocou, l'indigo, y ont été culti-vés avec succès. Il est question, en ce moment, d'y fonder une Société agricole qui chercherait à rendre à cette riche et merveilleuse contrée son ancienne prospérité agricole. Nous comprenons parfaitement qu'on songe à réaliser un pareil projet, qui semble avoir plus de chances de succès qu'en Cochinchine.

Le *tabac* n'est point destiné non plus à tenir une grande place parmi les cultures susceptibles d'être entreprises par les européens.

Il résulte d'essais des plus sérieux qui ont été faits

à Paris à l'Administration des tabacs, sous la haute
direction de M. Schlœsing, que les échantillons de
tabac indigène provenant de trois localités différentes,
même fumés avec des sels de potasse et soumis
ensuite à une bonne culture et à une excellente préparation, ont été jugés indignes d'entrer dans la
consommation de la mère-patrie. Ils sont presque
incombustibles, renferment une proportion énorme
de nicotine, 6 % au minimum et ont un goût d'une
âcreté et d'une amertume des plus désagréables. Ce
n'est point là sans doute un jugement sans appel et
l'on pourrait avec le temps, un choix judicieux de
semences, d'engrais et de terrains, arriver à créer
de meilleures espèces. Mais nous répéterons encore
à propos de cette plante, ce que nous avons dit au
sujet de la canne à sucre. Si l'on croit devoir faire
des plantations importantes de tabac en vue de
l'exportation, que n'utilise-t-on nos autres colonies
où le tabac de bon goût et de qualité moyenne se
cultiverait dans des conditions bien plus avantageuses
en vue de ce but spécial ?

On a essayé de planter du *café* en Cochinchine.
Il se développa assez bien au début, mais on ne
tarda pas à s'apercevoir que la fleur et la graine
étaient attaquées par un insecte qui détruisait tout
espoir de récolte. Il y aurait lieu de voir si le *coffœa
liberica,* qui est originaire du Gabon et qui acquiert les
dimensions d'un grand arbre, ne réussirait pas mieux.

Le *cacao* semble assez bien venir dans quelques jardins de Saigon. La *vanille* y pousse vigoureusement ; elle a été importée de Bourbon ; c'est l'espèce *vanilla planifolia*, originaire du Mexique. Elle fleurit abondamment, mais presque tous les fruits avortent ou se développent mal. Cependant j'ai vu quelques paquets de gousses parfumées provenant de l'île de Phu-Quoc, qui m'ont paru représenter des types d'assez bonne qualité. Je crains que la grande humidité du climat de la Cochinchine ne soit un obstacle très sérieux à la réussite de cette plante, qui ne donne de belles récoltes et des produits de première qualité que dans les endroits secs et chauds, ainsi que je l'ai constaté à Bourbon.

Je serais porté à croire que la vanille de Cayenne, *vanilla guyanensis*, qui vit sous un climat à peu près semblable à celui de la Cochinchine, y donnerait de meilleurs résultats. C'est dans cette voie qu'il faudrait poursuivre les essais de culture de cette intéressante orchidée.

L'*indigo* a fait également l'objet d'intéressants essais de culture à la *Ferme des Mares*. Nul doute que cette plante ne réussisse en Cochinchine, puisque les Annamites la cultivent déjà depuis longtemps, sur une petite échelle. On y compte, en effet, 185 hectares de terre en indigo. Au Cambodge, plusieurs européens ont fait d'importantes plantations. C'est une culture à encourager. Il en est de même de celle du *poivre,* qui paraît très bien réussir aux environs de Saigon et dans quelques autres localités. C'est une plante de petite culture qui est aujourd'hui presque entièrement entre les mains des Chinois et de quelques rares européens.

On a beaucoup parlé de la *vigne* de Cochinchine, ces dernières années. C'est une plante sauvage, à tige annuelle et à racine souterraine très grosse. Elle se reproduit très bien de graines par semis. Elle a été trouvée pour la première fois en 1872, au pays des Moïs ; mais elle existe, en assez grande abondance, au cap Saint-Jacques, à Travinh, Hatien et à Rach-Gia. La première pousse des bourgeons a lieu en mars ; elle atteint de 20 à 50 mètres de longueur ; la floraison se fait en avril et la maturité des raisins de septembre à novembre. Puis les branches se dessèchent et tombent pour repousser l'année suivante avec une nouvelle vigueur. Les raisins sont énormes, ils atteignent le poids de plusieurs kilogrammes. Ils rappellent pour le volume les raisins de la Terre promise. Mais comme la maturité est très imparfaite, que chaque grappe contient tout à la fois des grains mûrs, demi-mûrs et verts, il s'ensuit qu'ils sont peu propres à être mangés ou à faire du vin. Les grains les plus mûrs ont un goût peu agréable : ils donnent une sensation de grattement à l'arrière-gorge qui tient à la présence,

dans le jus de ces fruits, d'une quantité considérable
de raphides en aiguilles. Les essais de fabrication
de vin qui ont été faits avec ces raisins ont donné
un liquide rosé, titrant 5 à 6 % d'alcool et d'un
goût âpre. Peut-être la culture arrivera-t-elle à amé-
liorer les fruits de cette vigne, qui paraît appartenir
à la même espèce que celle découverte au Soudan
par M. Lécart !

J'ai passé en revue les plantes susceptibles d'être
cultivées sous la direction et avec les capitaux des
européens, je ne ferai que citer celles qui sont
uniquement sous la dépendance des indigènes qui
savent en tirer un assez bon profit, je veux parler de
la culture de l'*aréquier* qui occupe 41,000 hectares ;
celle du *cocotier*, 11,000 hectares ; celle du *poivre
bétel*, 4,300 hectares ; puis, enfin, celles du *coton*,
de l'*arachide*, du *murier*, de l'*ortie de Chine*, dont
les fibres soyeuses sont employées à faire des filets
de pêche, du *maïs*, des *haricots*, principalement
ceux de Baria qui ont une certaine réputation. La
culture maraîchère et la culture des arbres fruitiers
sont aussi pratiquées par les Annamites et les
Chinois.

Le fruit de l'aréquier et la feuille du bétel constituent, avec la chaux de coquille, les éléments de
la *chique de bétel*. Aussi ces deux plantes sont-elles
cultivées avec soin et leurs produits assurés d'un
écoulement avantageux. La Cochinchine en exporte

jusqu'au Cambodge. Le fruit du cocotier se mange frais et se débite sur les marchés ou bien la noix desséchée sert à fabriquer une huile employée pour alimenter les lampes et enduire les cheveux des Annamites, en guise de pommade.

L'élève du bétail, et j'entends par là du bœuf qui sert de nourriture aux européens, et non du buffle qui est tout à la fois pour les indigènes une bête de travail et de boucherie, peut devenir entre les mains d'un Français intelligent une affaire assez lucrative. Mais je ne la crois pas susceptible, néanmoins, de prendre une grande extension.

La consommation de la viande de bœuf est, en effet, assez limitée, puisque la colonie européenne est seule à en manger et il faut que le produit ait été toujours abondant jusqu'à présent pour que la viande se vende sur les marchés à un prix aussi peu élevé : 0 fr. 30 c. la livre. Le mouton ne vient pas bien en Cochinchine où il est pour ainsi dire inconnu. Les seuls animaux de cette espèce que l'on consomme dans le pays sont les moutons de Shang-Haï, que les paquebots transportent plusieurs fois par mois à Saigon. Leur viande est excellente et comparable aux *présalés* de Normandie. Elle y est même d'un prix assez abordable.

Mais n'y a-t-il donc absolument rien à faire en Cochinchine sous le rapport agricole ? S'il s'agit de cultures directes faites ou dirigées par des européens je répondrai d'une façon à peu près négative. Mais s'il s'agit de l'action bienfaisante que l'Administration et le Gouvernement peuvent exercer sur l'agriculture annamite par ses encouragements, ses récompenses, ses leçons, ses champs d'expériences, ses fermes modèles, ses comices agricoles, ses expositions, la question se présente sous un tout autre aspect. Il est clair que nous pouvons faire beaucoup dans cette voie et rendre d'importants services aux indigènes en leur inculquant peu à peu nos méthodes, nos procédés basés sur les données de la science moderne. Sous notre impulsion, de notables améliorations peuvent être réalisées. C'est une action civilisatrice que nous exercerons sur ce peuple. Mais il faut bien nous garder de nous substituer à eux et de quitter notre rôle de protecteurs et de mentors.

Ainsi, pour la culture du riz, nous pouvons les pousser vers l'emploi de meilleures semences, vers l'application des engrais dans certaines terres trop pauvres pour porter de belles récoltes. Il nous est possible d'établir des sociétés de crédit dans le genre du *Crédit foncier colonial* qui offriraient aux cultivateurs des capitaux à des taux moins usuraires que ceux qu'ils rencontrent actuellement. On les encouragerait, par des primes, à défricher les terres incultes.... Depuis plus de vingt ans, le Gouvernement fait les plus louables efforts dans ce but et il a déjà obtenu des résultats très appréciables.

Pour la culture de la canne à sucre, qui n'occupa à peine que 4,000 hectares et qui ne se fait que sur de petites parcelles, on pourrait montrer aux Annamites tout le parti qu'ils peuvent tirer de la culture même fort limitée de cette plante, leur donner des notions utiles sur l'emploi des engrais et sur la fabrication du sucre. Ils font aujourd'hui un sucre abominable et se servent, pour extraire le jus de la canne, de moulins mus par des buffles, d'où ils ne tirent pas plus de 30 à 35 % de vesou, quand la plante en renferme 90 %.

Ce que je viens de dire du riz et de la canne peut s'appliquer aux autres cultures dont j'ai déjà parlé. C'est, à mon avis, le seul rôle que nous ayons à jouer au point de vue agricole en Cochinchine.

Je ne parlerai que pour mémoire de l'*Industrie* en Cochinchine. Elle est tout entière entre les mains des Annamites et des Chinois. Elle est représentée par d'importantes pêcheries, la fabrication du nuoc-mam, de l'eau-de-vie de riz, du sucre, de l'huile de coco, l'exploitation des forêts, la construction des barques indigènes, des fabriques de tuiles, briques, poteries communes, quelques rares fonderies de bronze, la production de la soie, du sel, la préparation des peaux de buffles, la fabrication de nattes, d'éventails, de filets de pêche, de bijoux d'argent et d'or, de jais, etc.

Les seuls établissements industriels européens sont : une brasserie et une fabrique de glace artificielle à Saïgon, une scierie mécanique dans l'intérieur et des fours à chaux à Chaudoc.

Le *Commerce*, grand ou petit, offre plus de débouchés à l'élément européen. Il représente un mouvement de 100 millions de francs tant à l'importation qu'à l'exportation, c'est-à-dire 50 millions environ pour chacune d'elles.

Le commerce d'importation est constitué par des métaux, outils, vins, spiritueux, papier, tabac, sucre raffiné, chaux, porcelaines, faïences, poteries, huiles, farines, articles de Paris, meubles, carrosserie, conserves alimentaires et salaisons venant de France ; des thés et médecines chinoises, de l'opium de l'Inde, des tissus anglais et allemands, des houilles anglaises, des chevaux du Pégou et de Batavia, etc.

Les exportations comprennent : le riz pour les trois quarts de la valeur totale, le poisson sec et salé, la colle de poisson, les légumes secs, des peaux, de la soie grège, du poivre, des huiles, de la graisse de porc, la noix d'arec, le coco, l'indigo, les plumes, la cire et le miel, du cardamome, de l'écaille de tortue, de l'ivoire, des cornes de cerf, du sel, des bois de teinture, d'ébénisterie et de construction, des chinoiseries et incrustations, de la gomme-gutte, gomme-laque, etc.

6*

En 1882, 330 navires à vapeur ont servi au transport des marchandises ; il est pénible de constater que, sur ce nombre, 162 appartiennent à la nation anglaise, 74 à la nation allemande et 72 seulement sont de nationalité française. Les trois quarts des transports sont donc faits par des étrangers. C'est là une anomalie choquante, mais qui s'explique par le bas prix des frets de ces navires comparés aux nôtres. Les transports de marchandises qui ont lieu entre la Cochinchine, l'Annam et le Cambodge se font au moyen de navires à vapeur de petit tonnage qui proviennent de deux compagnies françaises : les Messageries fluviales et les Messageries à vapeur. Il faut aussi faire entrer en ligne de compte le chemin de fer de Saigon à Mytho et les innombrables jonques qui sillonnent les arroyos.

Les échanges se font avec l'Annam, la Chine, le Cambodge, le Siam, Java, mais surtout avec Singapour et Hong-Kong.

Le riz de Cochinchine va fort peu en Europe, où il est mal coté jusqu'à présent, sans doute en raison des envois de mauvaise qualité qui en ont été faits. Il s'en exporte principalement à la Havane, au Chili, à Java, à Singapour et à Bourbon.

Le grand commerce est détenu à Saigon par dix négociants environ dont trois à quatre Français et les autres Anglais, Allemands ou Chinois. Je tiens à dire que les deux principaux négociants français qui représentent en Cochinchine le commerce de notre pays, MM. Denis et Cornu, sont d'une honorabilité parfaite et qu'ils ont su se faire, par leur probité et leur entente des affaires, une situation tout-à-fait privilégiée. M. Denis est président de la Chambre de Commerce et M. Cornu a été pendant longtemps maire de Saigon. J'insiste sur ce point, car on a malheureusement, en France, une opinion quelquefois contraire sur l'honorabilité des commerçants français qui vont s'établir dans des colonies nouvelles.

Cinq grandes banques, dont une française, la Banque d'Indo-Chine, et quatre étrangères, fournissent au commerce l'argent et les traites qui lui sont nécessaires.

En dehors du haut commerce qui, comme on le voit, n'occupe pas un grand nombre de nos compatriotes et dont le champ d'action s'exerce principalement sur les riz et les articles d'importations susceptibles d'être consommés par trois à quatre mille européens environ, y compris la marine et les troupes, le commerce de détail, qui s'applique aux besoins ordinaires d'une population comme celle de Saigon, est pratiqué par un assez petit nombre d'individus qui n'auraient point trop à se plaindre des affaires si les Chinois ne leur faisaient une concurrence redoutable et si surtout leur santé ne les obligeait pas à de fréquents voyages en France, qui absorbent une grande partie de leurs bénéfices.

Les professions libres telles que celles d'entre-
preneurs de travaux publics, médecins, pharmaciens,
avocats, notaires, etc., sont assez fructueuses pour
le moment, parce que l'on construit à Saigon beaucoup de maisons et de monuments et que, d'un
autre côté, les jeunes Français munis d'un diplôme
de docteur ou d'avocat n'affluent pas vers la Cochinchine et n'encombrent pas ces carrières. Mais, comme
les Annamites instruits dans nos écoles ont tendance
à se diriger vers la médecine et le barreau, il y a
tout lieu de croire qu'ils prendront plus tard les
places occupées aujourd'hui par huit ou dix Français
tout au plus. Déjà, en 1882, la colonie comptait un
jeune avocat annamite tout frais débarqué de France,
qui avait fondé un journal, rédigé moitié en français
et moitié en langue du pays et qui plaidait devant
les tribunaux. Dans vingt ans, grâce à l'instruction
que nous dispensons si largement à la jeunesse
indigène, non seulement dans leur propre pays, mais
encore en France où nous élevons un certain nombre
d'enfants, au Lycée d'Alger particulièrement, la
plupart des carrières libérales et des places de
commis de bureau seront occupées par des Annamites, car ce peuple a une facilité remarquable à
se laisser assimiler par nous.

Mais, à côté de ces professions libres dont je
viens de parler et qui sont, en somme, peu nombreuses, il y a les fonctions salariées qui peuvent

ouvrir aux jeunes gens sans fortune, ayant fait leur droit ou possédant une instruction scientifique spéciale, de nombreux et fructueux débouchés. Car, sur 1,800 à 2,000 Français que l'on compte en Cochinchine, il y en a bien les deux tiers de fonctionnaires.

Les affaires indigènes, l'Administration de l'intérieur, la magistrature coloniale, les travaux publics, l'enseignement et les postes et télégraphes, etc., offrent à tous ceux qui n'ont d'autre capital qu'un capital intellectuel et qui n'ont pas peur d'affronter les climats chauds et malsains, des carrières honorables bien rétribuées où l'on fait un chemin rapide. Beaucoup y laissent leur santé et leur vie, comme le soldat sur le champ de bataille, mais les sobres, les robustes et les chanceux réussissent à se tirer d'affaire.

La Cochinchine doit être envisagée non comme une colonie de peuplement, mais comme une colonie d'exploitation, non pas d'exploitation brutale comme celle des Anglais dans l'Inde, mais d'exploitation intelligente et paternelle, si je puis m'exprimer ainsi. Les commerçants et les fonctionnaires peuvent seuls y trouver leur place, les uns pour y faire des échanges, les autres pour administrer, amener peu à peu les indigènes à nos habitudes et à notre civilisation et, par conséquent, leur faire contracter nos goûts, ce qui les conduira à consommer nos produits.

Aujourd'hui la Cochinchine, sans être pressurée, par le fait seul d'une bonne administration, fournit 24 millions par an au budget colonial. Avec une pareille somme elle paie toutes ses dépenses, envoie chaque année 3 millions à la métropole et accomplit dans la colonie des œuvres utiles qui modifient profondément et avantageusement les conditions économiques du pays.

Ce chiffre augmentera encore dans l'avenir et permettra de travailler de plus en plus à sa prospérité. Notre mission dans l'Extrême-Orient est surtout une mission civilisatrice, et nulle nation n'est aussi bien douée que la France pour remplir ce rôle si humain et si bienfaisant envers des populations que le sort des armes a placées sous sa domination.

TABLE DES MATIÈRES.

—

CHAPITRE PREMIER.

CHAPITRE DEUXIÈME.

CHAPITRE III.

CHAPITRE IV.

Mme ve Camille Mellinet, imp. — L. Mellinet et Cie, succrs.

CHALLAMEL AINÉ

LIBRAIRIE COLONIALE, 5 RUE JACOB.

La France en Indo-Chine, par A. Bouinais, ✻, capitaine d'infanterie de marine, membre de la Commission de délimitation du Tonkin, et A. Paulus, agrégé de l'Université. 1 volume in-18 (2e édition)................ 3 fr. 50

L'Indo-Chine française contemporaine. Cochinchine (2e édition), Cambodge, Tonkin, Annam, par MM. A. Bouinais et A. Paulus. 2 très forts volumes in-8o ornés de 12 dessins et de 3 cartes............ 27 fr. 50

L'Indo-Chine, Cochinchine, Cambodge, Annam, Tonkin, par Ch. Lemire. 1 beau volume in-8o avec cartes, plans et gravures d'après nature. (4e édition).. 7 fr. 50

La Cochinchine française et le royaume de Cambodge, avec l'itinéraire de Paris à Saigon, et deux cartes, par Ch. Lemire. In-18. 6e édition......... 4 fr.

Formosa « la Belle », par E. Raoul, pharmacien de 1re classe de la marine au corps expéditionnaire de Formose. In-8o................................... 2 fr.

Histoire ancienne et moderne de l'Annam, depuis l'an 2700 avant l'ère chrétienne jusqu'à nos jours, par M. l'abbé Launay, des missions étrangères. 1 volume in-8o.................................... 7 fr. 50

Lettres d'un précurseur. Doudart de Lagrée au Cambodge et son voyage en Indo-Chine, par Félix Julien, 2e édition. In-18 avec carte et portrait..... 3 fr.

Histoire de l'intervention française au Tonkin, de 1872 à 1874, par Romanet du Caillaud. 1 fort volume in-8o avec carte...................... 6 fr.

L'ouverture du fleuve rouge au commerce et les événements du Tonkin (1872-1873), journal de voyage et d'expédition, par J. Dupuis, négociant. 1 volume in-4o avec une carte du Tonkin............... 15 fr.

Les Français au Tonkin (1787-1880), par Hippolyte Gautier. 1 volume in-18 avec 6 cartes et portrait de Francis Garnier. 5e édition............... 3 fr. 50

L'Avenir de la France au Tonkin, par un compagnon de Francis Garnier. In-8o.......... 2 fr. 50

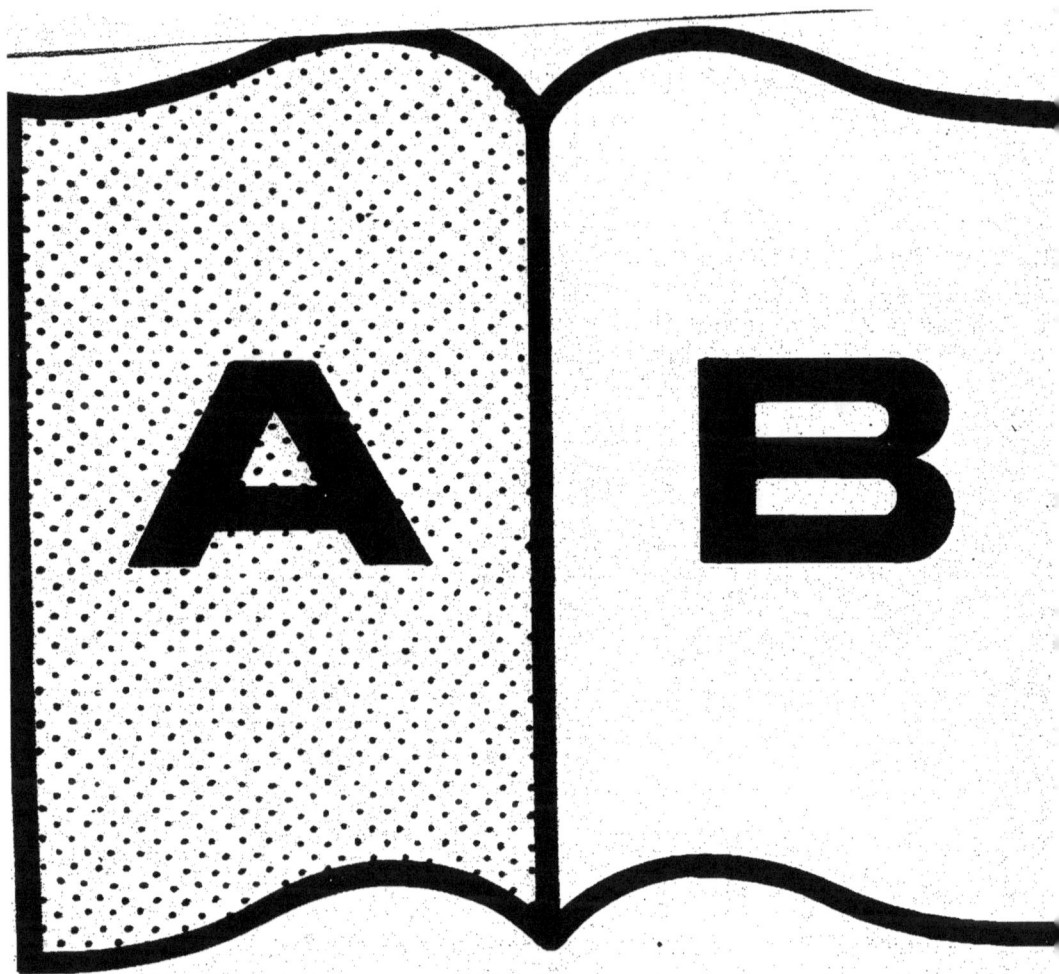

Contraste insuffisant

NF Z 43-120-14

www.ingramcontent.com/pod-product-compliance
Lightning Source LLC
Chambersburg PA
CBHW070601100426
42744CB00006B/374